KPMG FAS　あずさ監査法人 [編]

Return on
Invested Capital

ROIC

経営

実 践 編

事業ポートフォリオの
組換えと企業価値向上

JN021611

日本経済新聞出版

はじめに

　前著『ROIC経営 稼ぐ力の創造と戦略的対話』には、企業のCEOやCFOのみならず、経営企画部門、財務部門等に従事する方々からも数多くの反響をお寄せいただいた。同著を上梓した2017年11月以降、多くの企業がROICの導入を進め、中期経営計画においてその取組みを説明する企業も増えてきているように感じる。

　一方で、ROICを導入してはみたものの、「なんとなくうまくいっていない」とご相談をいただくケースも多い。経営管理指標としてROICを導入したが、企業価値の向上にはなかなか結び付かず、投資家からも厳しい指摘を受けているというのがその代表例である。

　話を詳しく伺ってみると、ROICを事業別に算出し、ROICツリーも作成し、現場への浸透を図るために研修やワークショップも実施している、という。

　ただし、これはROICが達成しようとしている目的のうちのひとつにしか過ぎない。ROICには、業績評価ツールとして事業ごとの課題発見とその改善を促すという側面と、経営資源の最適配分を促すための評価指標という側面の2つがある。ROICツリーは、前者の代表的な取組みといえる。しかしながら、後者、すなわち事業ポートフォリオの評価と組換えを促進する評価指標としてROICを活用することができなければ、ROICツリーの各要素の改善にばかり目が行き、事業ポートフォリオを組換えながら企業価値の向上を目指すという大局的な視点に立った経営は叶わず、企業価値も向上しないであろう。

　現に、多くの日本企業が多数の事業を一部は不採算の状態で抱えつつ、さらに事業拡大を目指そうとしている。複雑化する現在の経営環境下では、限りある経営資源を自社が最も強みを発揮できる事業に集中的に投じていかなければ熾烈な競争を勝ち抜くことはできない。一方で、前著『ROIC経営』を契機として、「事業のベストオーナーは誰か?」という課題と真摯に向き合い、事業ポートフォリオの最適化に挑む企業も増えつつある。事業ポートフォリオを正しく評価し、その組換えを通じて企業価値の向上を図る、その取組みを加速することが重要ではないだろうか。この課題意識が本著を執筆するに至った経緯である。

　事業ポートフォリオの組換えといってもROICだけに着目すればよいわけではない。そのプロセスはきわめて複雑であり、かつ、論点も多岐にわたる。本書では、ROIC経営をさらに推し進めるために、実践編として事業ポートフォリオの

評価プロセスのみならず、その組換えに向けた投資や撤退、経営プロセスの構築にまで踏み込んでいる。

　第1章では、事業ポートフォリオの組換えが求められる背景やコーポレートガバナンス・コードの改訂が示唆するもの、昨今注目を集めているパーパスにも触れつつ、事業ポートフォリオの土台となる要素について整理している。第2章では、具体的な事業ポートフォリオの評価方法について、評価指標や評価の切り口など、具体的な手順を解説している。そのうえで第3章では、事業ポートフォリオの具体的な組換え事例を取り上げると同時に、プライベートエクイティファンドの機能にも焦点を当て、成功要因について考察している。

　続く第4章では、投資余力の把握や投資枠の設定方法、第5章では、投資判断と撤退のプロセスや事業別WACCの設定方法、第6章では、事業ポートフォリオ評価の一連のプロセスをどのようにして経営管理体制に組み込んでいくのかについて整理している。そして最後の第7章では、事業間のシナジー創出の考え方やその具体的な手順について記している。

　本書では、これまで個別論でしか語られることがなかった論点を体系的にとりまとめ、そのエッセンスを盛り込むことを心掛けた。また、前著『ROIC経営』でカバーした内容も踏襲しているので、必要に応じてご参照いただきたい。

　本著がROIC経営のさらなる深化を志向する企業実務に携わる皆様の一助となれば幸いである。

2022年8月

あずさ監査法人　土屋大輔

KPMG FAS　岡本 准

目　次

第3章
事業ポートフォリオの組換え

第**4**章
事業ポートフォリオ評価と投資余力の把握

第**5**章
事業ポートフォリオ評価と投資判断プロセス

第 **6** 章
事業ポートフォリオの経営管理体制

第 **7** 章
事業間シナジーの創出手順

装丁　相京厚史（next door design）

事業ポートフォリオの
組換えが
求められる背景

1. 日本企業が置かれている状況

　日本のコーポレートガバナンス改革は、2014年に公表されたいわゆる「伊藤レポート」を皮切りにスタートし、そこから本書を執筆している2022年初頭時点まで、約8年の歳月が経過している。コーポレートガバナンス改革が目指すところは、持続的かつ中長期的な企業価値の向上であるが、それは資本コストを上回るリターンを持続的に稼得することで達成される。果たして、この8年間で日本企業の企業価値は向上したといえるのであろうか。

　2020年以降、世界経済は新型コロナウイルス感染症（COVID-19）の蔓延によって甚大な被害を受けている。日本企業の企業価値向上の取組みを見るうえでは、実質的なコーポレートガバナンス改革元年である2015年3月期からCOIVD-19の影響を受ける前の2019年3月期までの業績推移が参考になる。

　日本取引所グループが毎年公表している決算短信集計によれば、金融を除く東証1部の全上場企業の2015年3月期から2019年3月期にかけての売上高は＋12.4％（年平均成長率＋3.0％）、営業利益は＋35.3％（同＋7.8％）、当期純利益は＋48.5％（同＋10.4％）であった（図表1-1-1）。

　また、経済産業省が公表している資料によれば、ROEは2014年度の8.2％から2018年度には9.3％に上昇している。株主資本コストの水準は企業によって大きく異なるため一概にはいえないが、グローバルの投資家から求められる株主資本コストとして「伊藤レポート」で指摘されている8％を上回る水準にようやく

図表1-1-1　日本企業の業績推移

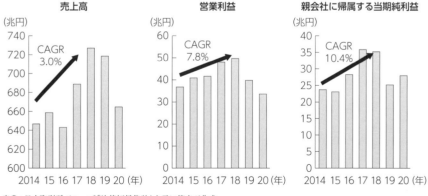

出典：日本取引所グループ「決算短信集計」を元に筆者が作成

なってきていたといえる。

　ただし、グローバル企業との比較でみると、2018年時点における日本企業のROE平均9.3%に対し、米国企業は18.3%と倍近い差があり、欧州企業も15.1%と、その差は歴然としている（図表1-1-2）。

　また、ROEと強い相関関係があるといわれるPBRについても、日本企業と欧米企業との間には大きな差異が存在している。同じく経済産業省がまとめた調査によれば、日本はPBRが1倍を下回る企業が全体の39.0%もあるのに対し、米国はわずか7.1%、欧州は19.6%に留まっている（図表1-1-3）。

　図表1-1-4は、日本企業と欧米企業のROEをデュポン分解したものである。日本企業と欧米企業で総資産回転率に大きな差異はなく、よく論点になるのは財務レバレッジである。確かに、日本企業の財務レバレッジが240%程度であるのに対して米国企業は280%程度となっており、より少ない資本でビジネスをしていることがROEを押し上げる要因のひとつになっているのは事実である。しかしながら、本業の稼ぎを表す売上高利益率（ROS）の差も相当程度影響を及ぼしており、COVID-19の影響を受ける前の2018年度で日本企業が5-6%程度であるのに対し、米国企業は9%超と高い。

　日本企業と欧米企業のROEの差異に関する最大の要因は、事業の収益性の差異にあることは間違いないであろう。日本企業の収益性が相対的に低い理由については さまざまな見方があるが、そのひとつが事業ポートフォリオの組換えが不十分である、というものである。

図表1-1-2　ROEの推移－日・米・欧の比較

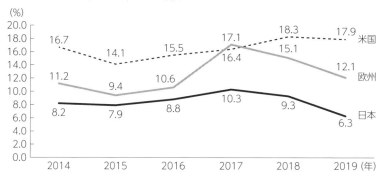

出典：経済産業省、第1回 サステナブルな企業価値創造のための長期経営・長期投資に資する対話研究会「事務局説明資料」（2021年5月）を元に筆者が作成。https://www.meti.go.jp/shingikai/economy/sustainable_sx/pdf/001_05_00.pdf
日本はTOPIX500、米国S&P500、欧州はBloomberg Europe 500より金融セクター銘柄を除いて集計されている。

図表1-1-3　PBRの構成比 − 日・米・欧の比較

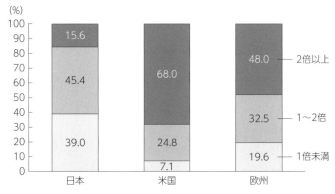

出典：経済産業省、第 1 回サステナブルな企業価値創造のための長期経営・長期投資に資する対話研究会「事務局説明資料」（2021 年 5 月）を元に筆者が作成。https://www.meti.go.jp/shingikai/economy/sustainable_sx/pdf/001_05_00.pdf
日本は TOPIX500、米国 S&P500、欧州は Bloomberg Europe 500 より金融セクター銘柄を除いて集計されている。

図表1-1-4　ROE のデュポン分解 − 日・米・欧の比較

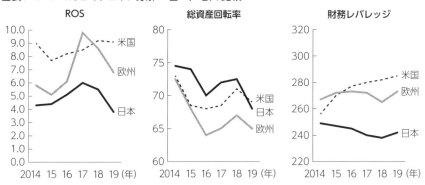

出典：経済産業省、第 1 回 サステナブルな企業価値創造のための長期経営・長期投資に資する対話研究会「事務局説明資料」（2021 年 5 月）を元に筆者が作成。https://www.meti.go.jp/shingikai/economy/sustainable_sx/pdf/001_05_00.pdf
日本は TOPIX500、米国 S&P500、欧州は Bloomberg Europe 500 より金融セクター銘柄を除いて集計されている。

2. 事業の選択と集中の実態

　ROE の改善、とりわけ欧米企業との差異が大きい ROS を改善するために日本企業が特に意識している取組みは何か。生命保険協会は、毎年上場企業と機関投資家に対し、「企業価値向上に向けた取組み」に関する興味深いアンケート調査を実施している。企業と機関投資家に対して同じ内容の設問を同時に実施するこ

図表1-2-1　資本効率向上のために企業が重視する／投資家が期待する取組み

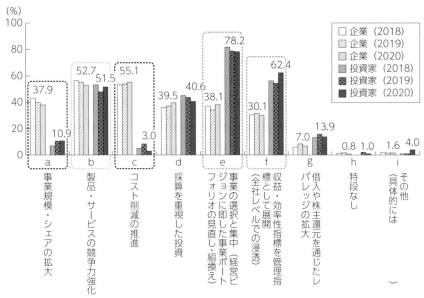

（回答数【企業】：2020年度：501、2019年度：531、2018年度：532）

（回答数【投資家】：2020年度：101、2019年度：94、2018年度：98）

出典：生命保険協会『生命保険会社の資産運用を通じた「株式市場の活性化」と「持続可能な社会の実現」に向けた取組について』（2021年4月）

とにより、両者の認識の相違を明らかにするというのがこの調査の特徴である。

　設問のひとつに、「資本効率向上のために重視している取組み（企業）／期待する取組み（投資家）」というものがある。（図表1-2-1）

　これを見ると、企業側が資本効率を高めるために重視している取組みは、高い順から「コスト削減の推進」、「製品・サービスの競争力強化」、「事業規模・シェアの拡大」であることがわかる。つまり、ROE改善の打ち手として、コスト体質の改善と事業規模の拡大を考えている傾向が強いといえる。

　これに対して、機関投資家側が資本効率改善のために企業に最も期待することは、「事業の選択と集中（経営ビジョンに即した事業ポートフォリオの見直し・組換え）」と「収益・効率性指標を管理指標として展開（全社レベルで浸透）」の2点である。これは、機関投資家から企業側に投げかけられている問題提起の裏返しでもある。すなわち、不採算事業を多く抱え、経営資源を集中すべき事業の

15

絞り込みがなされていないがゆえに収益性の低下を招いている。また、効率性も加味した収益性の評価が浸透していないのが現状である、という問題提起である。ROIC の導入を公表した企業でも、計算結果を決算説明会や経営会議の資料に掲載するのみに留まっているのが現実で、ROIC を事業ポートフォリオ評価に使用するまでに至っていない企業は驚くほど多い。まさに本書のテーマにつながるところであるが、日本企業に求められるのは、ROIC 経営を推進していくうえで、どのように事業ポートフォリオの転換を図っていくのか、その経営管理の仕組みを構築することである。

　日本企業の事業構成が資本効率の低下にどのように影響しているのかも整理していきたい。

　事業再編を巡る日本企業の問題点の整理とその対応策を策定するうえで、2020 年 1 月に経済産業省が立ち上げた「事業再編研究会」は、日本の事業構造や M&A に関して次のようなデータを示している。

　ひとつは、東証 1 部の主要企業について、事業セグメントの数が多くなればなるほど予想 PER が低くなる傾向があるというものである。専業で事業を営んでいる企業の予想 PER が 13 倍弱であるのに対し、8 から 9 の事業を抱える企業の予想 PER は 10.5 倍程度と、相対的に前者を下回っている（図表 1 - 2 - 2）。

　ファイナンス理論上、PER の逆数は"r−g"に相当する。"r"は株主資本コスト、"g"は永久成長率である。PER が低いということは、"r−g"が高い、すなわち株主資本コストが高いか将来の成長期待が低い、あるいはその両方を意味している。

　このことが示唆するのは、投資家や株主は、事業の数が多くなればなるほどリスクを高く、成長性を過少に見積もる傾向が強いということである。事業の数が増えれば企業の開示負担が増え、投資家はその情報の咀嚼と評価に多大な時間を割く必要が生じる。事業ごとにビジネスモデルが異なれば、それぞれの内容を理解するのにも時間を要する。企業の全体像を把握することがより困難になり、投資家には複雑かつ透明性が低く映り、リスク要因になる。また、透明性の低さは、当該企業のガバナンスが有効に機能していないという評価につながることもある。

　成長性についても同様である。単一事業であれば成長の源泉を把握することは比較的容易であるが、複数事業であれば成長のドライバーを見極める難度は相対的に高くなる。また、成長性が高い事業があったとしても他の事業の成長性が低ければ連結グループ全体としては低成長企業と評価される可能性もある。つま

図表1-2-2　事業セグメント数とPER

事業セグメント数とPER（株価収益率）の関係

- 東証1部の主要企業では、事業セグメントの数が多いほどPER（株価収益率）が低くなる傾向。
- 「不採算事業を切り離し、中核事業に経営資源を集中することが企業価値向上につながる」との指摘あり。※SMBC日興証券チーフ株式ストラテジスト。

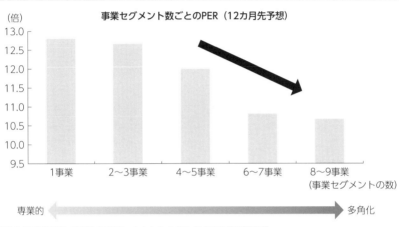

注：対象はTOPIX1000、予想はQUICKコンセンサス（無い場合は東洋経済予想）。
　　PER：株価／1株当たり当期純利益
出典：経済産業省、第1回事業再編研究会「事務局説明資料」（2020年1月）。https://www.meti.go.jp/shingikai/economy/jigyo_saihen/pdf/001_05_00.pdf

り、ゴーイングコンサーンで見た企業の成長率を過少に見積もらざるを得なくなる。

　複数の事業を抱える企業の価値が各事業単体の価値の総和を下回ることをコングロマリットディスカウントというが、一言でいえば、このコングロマリットディスカウントは、リスクと成長の見方の不確かさから"r－g"が総じて高く評価されることによって生じる。不調な事業を補うのに余りある収益をコア事業が創出し、さらにその成長が確実視されている状況においてはむしろその事業にフォーカスが当たり"r－g"は低下する（資本コストが下がり、成長性は高まる）ケースもないわけではないが、総論では、事業の数とPERの低下には相関性があるといえる（**図表1-2-3**）。

　事業再編研究会によるM&Aの分析結果についても見ていきたい。同研究会は、日本・米国・欧州企業によるインバウンド・アウトバウンド取引の件数と金

図表1-2-3 "r-g" とコングロマリットディスカウント

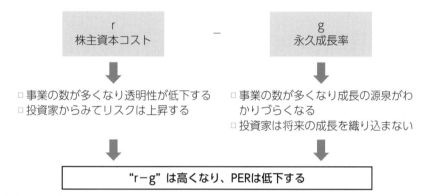

$$PER = \frac{株価}{EPS} \implies \frac{1}{PER} \implies r - g$$

- ファイナンス理論上PERの逆数は "r−g"
- PERが高いほど "r−g" は低くなる。(PERが低いほど "r−g" は高くなる)

[コングロマリットディスカウントの要因]

r 株主資本コスト	−	g 永久成長率

□ 事業の数が多くなり透明性が低下する
□ 投資家からみてリスクは上昇する

□ 事業の数が多くなり成長の源泉がわかりづらくなる
□ 投資家は将来の成長を織り込まない

"r−g" は高くなり、PERは低下する

出典：筆者が作成

額を集計している。米国と欧州は、インバウンドとアウトバウンドがほぼ均衡しているのに対し、日本は件数ベース、金額ベースいずれでみてもアウトバウンド取引がインバウンド取引を上回っており、日本企業は買収する側で、買収の対象となるケースは相対的に少ないことが明らかである（図表1-2-4）。

　クロスボーダーM&Aに加えて国内の事業再編も含めてみるとどうか。国内上場企業による取引数を集計したところ、やはり圧倒的に買収が多く、その数は増加基調にある。一方で、事業の切り出しは250件前後で推移している（図表1-2-5）。

　これらのデータから、欧米企業は、クロスボーダーの事業売却と事業買収が同時並行で進んでおり、事業ポートフォリオの組換えを積極的に実施していることがわかる。一方で、日本企業は事業買収が圧倒的に多く、切り出しや売却件数はきわめて少ないことからすると、単純に考えれば日本企業が抱える事業の数は増える一方である。また、非中核事業や不採算事業に手が付けられることなく、そのまま温存されている可能性が高いことを示している。

図表1-2-4　クロスボーダーM&A 日本・米国・欧州の比較

クロスボーダー M&Aの国際比較（2018年）

- 欧米では、インバウンド取引とアウトバウンド取引がほぼ均衡しているのに対し、日本は、アウトバウンド取引に比べ、インバウンド取引が件数、金額ともに小さく、「買い」に偏重する傾向。

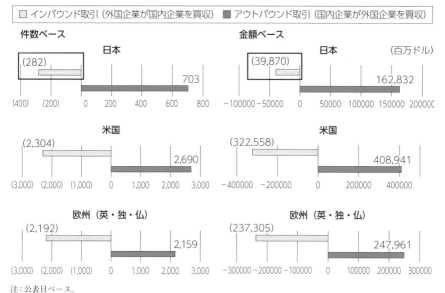

注：公表日ベース。
出典：経済産業省、第1回事業再編研究会「事務局説明資料」(2020年1月)。https://www.meti.go.jp/shingikai/economy/jigyo_saihen/pdf/001_05_00.pdf

　日本企業は、企業価値向上に向けて M&A を積極化させてはいるものの、その実態としては事業規模やシェアの拡大が中心であって資本収益性は強く意識されていない。事業の数の増加と反比例するように情報開示の透明性は低下し、ガバナンスが有効に機能していないように見える。結果として、投資家は PER を切り下げて評価せざるを得ない。日本企業は自らコングロマリットディスカウントを呼び込み、低評価の罠にはまっているのではないだろうか。

　この罠から脱却し、企業を企業価値向上の軌道に乗せるためにも、事業ポートフォリオを正しく評価し、事業の新陳代謝を促していく仕組みを構築することが重要である。今こそ日本企業には事業ポートフォリオ管理プロセスの導入が求められているのである。

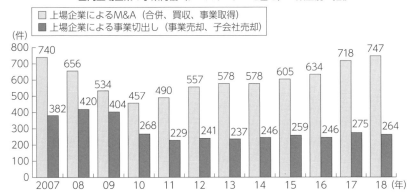

図表1-2-5 日本の上場企業の事業再編

国内上場企業における事業再編の動向

- 国内上場企業によるM&A（合併、買収、事業取得）は近年増加傾向。
- これに対し、事業の切出し（事業売却、子会社の売却）は、2008年の420件をピークに、その後減少し、ここ数年は250件前後で推移しており、「買い」と「売り」でアンバランスな状態。

国内上場企業の事業再編（クロスボーダーを含む）の類型別の推移

注：公表日ベース。
　　日本企業とは日本資本が原則として50％超の法人をいう（レコフデータベースより）。
出典：経済産業省、第1回事業再編研究会「事務局説明資料」（2020年1月）。https://www.meti.go.jp/shingikai/economy/jigyo_saihen/pdf/001_05_00.pdf

3. 成長・SX投資

　コングロマリットディスカウント解消の議論は、どちらかいえば事業の売却や撤退等、力点が引き算に置かれることが多い。しかしながら、事業ポートフォリオの組換えにはもちろん足し算、つまり投資も不可欠である。

　昨今の経営環境を踏まえると、企業には、成長のためのみならず、ビジネスモデルの持続性を高めるための投資も必要とされている。持続性を高めるための投資とは、必ずしも維持更新投資を指しているのではなく、ビジネスモデルを持続させるため、ビジネスモデルそれ自体をトランスフォームしていく投資も指しており、まさにSX（サステナビリティ・トランスフォーメーション）のための投資の重要性が高まっている。

　KPMGがグローバル企業のCEOに実施した調査によれば、87％のCEOが、

図表1-3-1　ビジネストランスフォーメーションのための投資

87%のグローバル企業のCEOが
ビジネストランスフォーメーションのため、
今後3年間で買収を検討していると回答している。

出典：KPMG 2021 CEO Outlook

図表1-3-2　SX を進めるうえで、どう投資戦略を変化させていくか（複数回答）

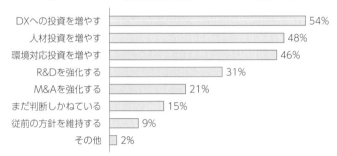

出典：KPMG Japan CFO Survey 2021

　向こう3年間で自社のビジネスモデルをトランスフォームするためにM&Aを検討していると回答している（**図表1-3-1**）。
　また、KPMG Japan が日本企業の CFO に実施した調査によれば、「DX」、「人材」、「環境対応」への投資を SX 実現に向けた最優先事項として位置付けており、今後これらの分野への投資を増やしていく意向であることがわかった（**図表1-3-2**）。
　DX は、生産性向上等、旧来型の IT 投資の延長線で捉えられることが多いが、その本質は、データとデジタル技術の活用により自社のビジネスモデルに変革をもたらし、競争優位性を確立することにある。ただし、DX は、それ単独で成り立つわけではなく、DX 投資を推進し、DX それ自体を活用するための人材が必要となる。また、ブロックチェーンによるカーボントラッキング等、今後は環境対応で DX を活用する場面も増加が予想される。
　気候変動は、サステナビリティ課題のひとつであるが、パリ協定で定められた内容を実現するためにはグローバルで最大 8,000 兆円の投資が必要といわれてい

る[1]。主要先進国がカーボンニュートラルの政策を打ち出す中、企業にもネット
ゼロに向けた取組みの加速が求められており、民間レベルでも多額の投資が発生
するとみられている。ネットゼロにむけた取組みを進めなければサプライチェー
ンから締め出される可能性もあり、環境対応投資はビジネスの持続性を維持する
うえで、もはや必須となっている。

　このように、企業はSXを実現するために、M&A、DX、環境、人材といった
多様な投資を実施していく必要があるのである。

　ここで資金調達についても触れておきたい。

　これらの投資を推進するためには、調達についても手当てが必要である。先に
紹介したKPMG JapanによるCFO向け調査では、SXの進展に合わせて有利子
負債の活用や必要に応じてエクイティ調達を検討すると回答したCFOが全体の
30％で、フリーキャッシュフローの範囲内で投資をすると回答したCFOと同水
準であった。また、36％は、調達手段に「変化はない」と回答している（図表
1-3-3）。

　つまり、SXの推進に際して追加の資金調達を検討しているのは全体の1/3に
すぎず、2/3が追加調達はせずともSXに対応可能と考えているようにもみえる。

　しかしながら、調達手段に「変化はない」とした回答の内訳をみてみると、
22％が影響を測りかねている、29％が影響の分析・評価の取組みを開始してい
るとなっている。すなわち、現時点ではSXに必要な投資額を正確に見積もるこ
とができず、結果としてどれくらいの資金調達が必要なのかを測りかねている

---

1 IEA（国際エネルギー機関）による試算。「パリ協定に基づく成長戦略としての成長戦略」2021年10月
　22日、首相官邸

図表1-3-3　SXの進展に合わせて、資金調達手段をどう変化させていくか

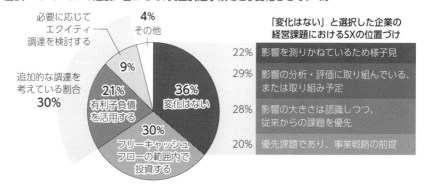

出典：KPMG Japan CFO Survey 2021

CFOも一定数存在するのである。これは、企業を取り巻く環境が短期間のうちに大きく変化する状況下にあって、SXにかかる投資とその効果を見極めるのが難しいという側面があることの表れである。

　事業ポートフォリオの組換えやSX投資がバランスシートの運用サイドの構成の変化を指すとすれば、それに対する調達サイドは最適資本構成で支えていなくてはならない。また、キャッシュフローの創出力とその配分余力は、まさに事業ポートフォリオの構成によって決まる。成長投資に加えてSX投資をどのように財務やキャッシュフローで支えるか、これも事業ポートフォリオの組換えに際しての重要な論点である。

4. コーポレートガバナンス改革と事業ポートフォリオ

(1) 事業再編ガイドライン

　こうした日本企業が置かれた状況を背景に、コーポレートガバナンス改革の旗振り役である日本政府もさまざまな取組みを強化している。そのひとつが、2020年7月31日に経済産業省が公表した「事業再編実務指針〜事業ポートフォリオと組織の変革に向けて〜」（以下、事業再編ガイドライン）である。事業再編ガイドラインは、事業ポートフォリオの組換えが進まなかった日本企業の問題点を整理するとともに、事業ポートフォリオの組換えについて包括的な提言やベストプラクティスの整理を行っている。

　事業再編ガイドラインは、「経営陣」、「取締役会」、「投資家」の3つのレイヤーを通じて事業ポートフォリオの組換えを促進するコーポレートガバナンスのあり方、その実行に当たっての「実務上の工夫」を示している。

　「経営陣」には、事業ポートフォリオの組換えを実際に実行する立場として、その役割や体制整備、定量的な事業評価の仕組みと見える化、適切なインセンティブ設計が必要としている。

　役割や体制整備については、持続的な企業価値向上に向けて経営者（グループ本社のCEO）が事業ポートフォリオの組換えに本気で取り組む必要があることや、自社がその事業を継続するうえでベストオーナーであるか否かの検討、シナジーを創出するための事業部横断的な「ファンクショナルマネジャー」の設置、CFOの機能強化等について提言がなされている。また、事業評価の仕組みと見える化については、資本収益性（ROIC）と成長性を軸とする4象限フレームワークの活用が提唱されている。

「取締役会」については、「経営陣」を監督する立場として、取締役会で年に1回以上は事業ポートフォリオの基本方針を定期的にレビューすることや、その取組みを支えるために取締役会の多様性と高度人材を確保することが重要と説明されている。また、社外取締役の株主に対する責任を明確化し、社外取締役と株主が対話することの必要性についても言及されている。

「投資家」は、「取締役会」に経営の執行と監督を委任する立場であることから、事業ポートフォリオマネジメントの実施状況を把握することが求められる。スチュワードシップ・コードの趣旨を踏まえ、エンゲージメントを通じた事業ポートフォリオの組換えを後押しすることも投資家に期待されている。事業ポートフォリオに関して、株主から合理的な根拠を有する具体的な提案がなされた場合については、真摯に検討することを取締役会に求める一方で、株主提案を提出する投資家にも中長期的な企業価値向上の観点から十分な調査をしたうえで合理的根拠をもって丁寧にコミュニケーションを取ることを求めている。

「実務上の工夫」として、事業の切り出しを円滑に実施するうえで労働組合や従業員からの理解を得ること、適切な切り出しのスキーム（事業譲渡・会社分割・子会社株式譲渡・スピンオフ・エクイティカーブアウト）が提言されている。

このように、事業再編ガイドラインでは、事業ポートフォリオを組換える際に検討を要する要素がガバナンスの観点を含めて体系的に整理されている。これは、2019年6月28日に経産省より公表された「グループ・ガバナンス・システムに関する実務指針」における事業ポートフォリオの議論を前提としている。事業ポートフォリオの組換えを日本企業に対して促すに当たり、ガバナンスのあり方や投資家との対話に力点が置かれているのもその特徴といえるであろう。

(2) コーポレートガバナンス・コードの改訂

事業再編ガイドラインで取り上げられた問題意識は、2021年6月に改訂されたコーポレートガバナンス・コードにも織り込まれている。

まず、第5章「株主との対話」において、補充原則5-2①が追加されている。

補充原則5-2①

上場会社は、経営戦略等の策定・公表に当たっては、取締役会において決定された事業ポートフォリオに関する基本的な方針や事業ポートフォリオの見直しの状況について分かりやすく示すべきである。

　追加されたこの補充原則は至極当然の内容に思えるが、経営戦略策定の前提として事業ポートフォリオに関する考え方が織り込まれており、その基本的な方針は取締役会が決定しているはずである、という点が初めて明記された点が特徴的である。基本的に、事業ポートフォリオ戦略は経営の根幹に関わるため、取締役会で議論されるべき内容であるというのは述べるまでもないが、事業ポートフォリオ評価それ自体の取組みを開始したばかりの企業が多いのも現実である。その意味で、本改訂は、取締役会が本来果たすべき役割を改めて明確にし、その取組みを促すことを目的としていると考えられる。

　また、第4章「取締役会等の役割・責務」では、補充原則4-2②として下記が追記されている。

補充原則4-2②

　取締役会は、中長期的な企業価値の向上の観点から、自社のサステナビリティを巡る取組みについて基本的な方針を策定すべきである。また、人的資本・知的財産への投資等の重要性に鑑み、これらをはじめとする経営資源の配分や、事業ポートフォリオに関する戦略の実行が、企業の持続的な成長に資するよう、実効的に監督を行うべきである。

　また、関連して、第2章「株主以外のステークホルダーとの適切な協働」の原則2-3「社会・環境問題をはじめとするサステナビリティを巡る課題」では、「上場会社は、社会・環境問題をはじめとするサステナビリティを巡る課題について、適切な対応を行うべきである」としたうえで、補充原則2-3①は次のように改訂されている。

補充原則2-3①

　取締役会は、気候変動などの地球環境問題への配慮、人権の尊重、従業員の健康・労働環境への配慮や公正・適切な処遇、取引先との公正・適正な取引、自然災害等への危機管理など、サステナビリティを巡る課題への対応は、リスクの減少のみならず収益機会にもつながる重要な経営課題であると認識し、中長期的な企業価値の向上の観点から、これらの課題に積極的・能動的に取り組むよう検討を深めるべきである。

補充原則4-2②、2-3①が示唆しているのは、サステナビリティを巡る課題

に対しては中長期的な企業価値向上の観点から取り組む必要があること、また、自社のサステナビリティを巡る取組みに関する基本的な方針は取締役会が策定すべきということである。さらに、補充原則4−2②で言及されているとおり、その方針に基づいてさまざまな投資がなされた結果として、経営資源の配分や事業ポートフォリオに関する戦略が実行されることが念頭に置かれている。つまり、サステナビリティを巡る基本的な方針も事業ポートフォリオ戦略の一環として整理する必要があり、しかもそれは取締役会マターということである。

図表1−4−1は、この事業ポートフォリオに関する基本方針とサステナビリティを巡る課題に対する基本的な方針を整理したものである。

つまり、日本企業は、事業ポートフォリオに関する基本方針とサステナビリティを巡る課題に対する基本的な方針を一体的な取組みとして捉え、経営資源の最適配分と事業ポートフォリオの組換えを実施していく必要がある。そして、その

図表1-4-1　事業ポートフォリオ・サステナビリティ基本方針の一体的な取組み

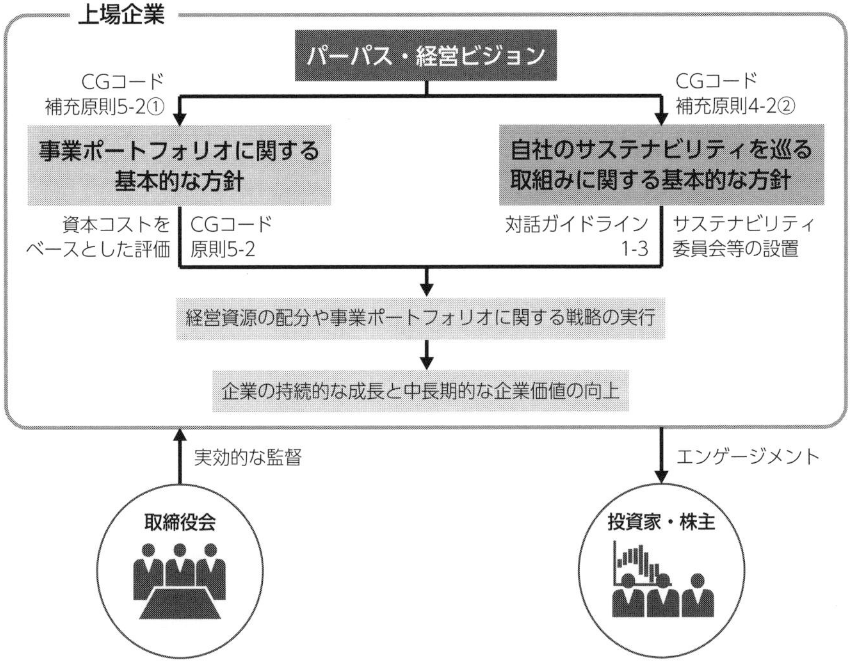

出典：筆者が作成

ための方針を策定するのは取締役会である。取締役会が策定した方針が戦略として展開されているか否かは、取締役会自らがその実効性を含めて監督しなくてはならない。コーポレートガバナンス・コードの改訂が上場する日本企業に求めているのは、これらの結果としての持続的かつ中長期的な企業価値向上の実現である。

5. パーパス・経営ビジョンと事業ポートフォリオ

事業ポートフォリオとサステナビリティ双方に関する方針の取組み状況を取締役会として実効的に監督していくためには、次に挙げる3つの視点が重要である。

1点目は、事業ポートフォリオとサステナビリティに関する方針を包括する、さらに上位概念の「拠り所」としての方針が必要ということである。かつて、これらは一般的に経営ビジョンを指していたが、昨今では、さらにその上位概念としてパーパスを設定することが求められてきている。パーパスを定義し、その実現に向けて経営ビジョンを策定するのである。

2点目は、ここでいう基本方針は、概念にとどまってはいけないということである。事業ポートフォリオとサステナビリティに関する方針の取組み状況の実効的な監督は、取締役会に求められている。実効的な監督は、年次の評価サイクルの中で、取締役会がその進捗を確認・評価できることが必要である。そのためには、基本方針といえども、その中身には具体性が備わっていなければならない。

最後に、2点目と関連することではあるが、基本方針に沿って取り組んでいくに当たっての重要課題、すなわちマテリアリティが何かを特定する必要性があるということである。本書のテーマである事業ポートフォリオマネジメントの文脈でいえば、自社の事業ポートフォリオを構築・組換えていくうえでの中長期的なマテリアリティを特定する必要がある。

これらのポイントを踏まえ、パーパスから中期経営計画策定までの一連の流れと事業ポートフォリオの関係性を示したのが**図表1-5-1**である。

(1) パーパス／経営理念

パーパスは、「企業が事業を継続し、存立するための目的」や「社会における企業の存在意義」などと解されることが多い。

この言葉が近年台頭した背景には、複雑な経営環境下で企業が持続的に事業を継続していくために、株主のみならずさまざまなステークホルダーに対して自社

図表1-5-1　パーパスから中期経営計画へのドリルダウン

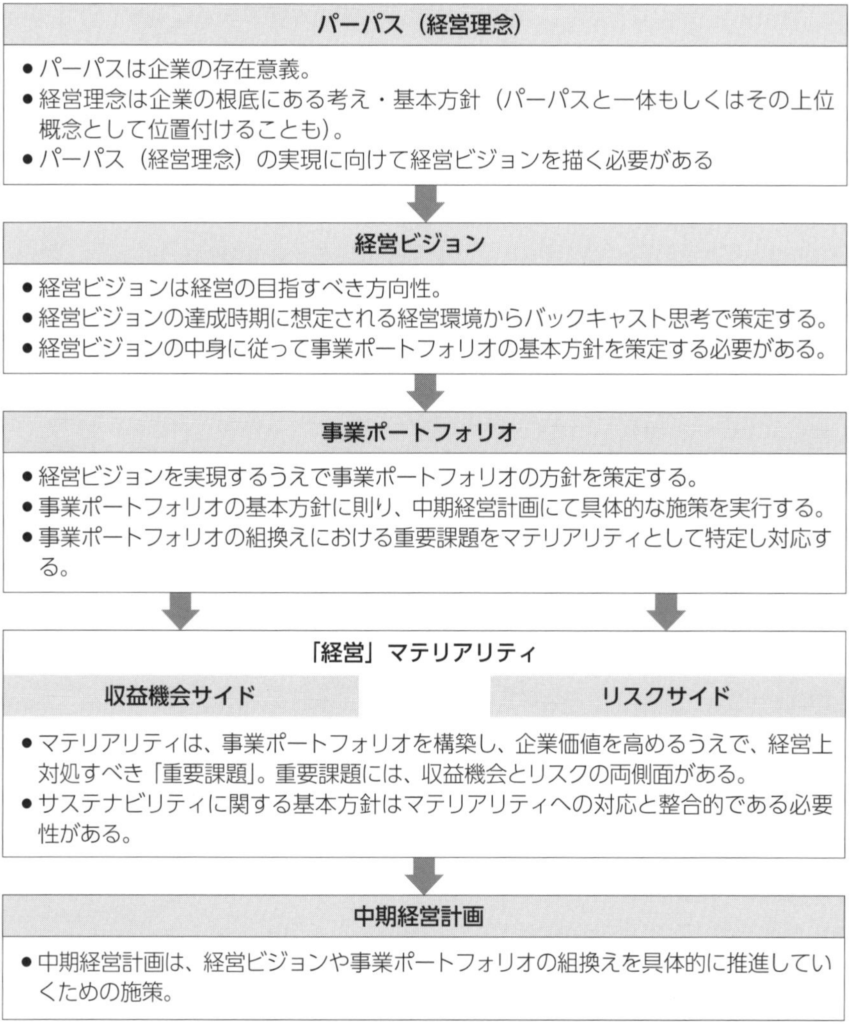

パーパス（経営理念）

- パーパスは企業の存在意義。
- 経営理念は企業の根底にある考え・基本方針（パーパスと一体もしくはその上位概念として位置付けることも）。
- パーパス（経営理念）の実現に向けて経営ビジョンを描く必要がある

経営ビジョン

- 経営ビジョンは経営の目指すべき方向性。
- 経営ビジョンの達成時期に想定される経営環境からバックキャスト思考で策定する。
- 経営ビジョンの中身に従って事業ポートフォリオの基本方針を策定する必要がある。

事業ポートフォリオ

- 経営ビジョンを実現するうえで事業ポートフォリオの方針を策定する。
- 事業ポートフォリオの基本方針に則り、中期経営計画にて具体的な施策を実行する。
- 事業ポートフォリオの組換えにおける重要課題をマテリアリティとして特定し対応する。

「経営」マテリアリティ

収益機会サイド	リスクサイド

- マテリアリティは、事業ポートフォリオを構築し、企業価値を高めるうえで、経営上対処すべき「重要課題」。重要課題には、収益機会とリスクの両側面がある。
- サステナビリティに関する基本方針はマテリアリティへの対応と整合的である必要性がある。

中期経営計画

- 中期経営計画は、経営ビジョンや事業ポートフォリオの組換えを具体的に推進していくための施策。

出典：筆者が作成

が何のために存在しているのかを示す必要がでてきたという事情がある。

　パーパスを策定するのは取締役会でなくてはならない。一部の例外を除き、CEOの任期は、グローバル企業であったとしても5年から10年程度、日本企業

の場合はそれよりも短いことが多い。目先の環境変化へ対応したり、CEO が代わるたびに経営戦略を変えたりするようでは、経営はたちまち立ち行かなくなり、むしろ持続性を損なってしまうであろう。取締役会は、向こう 10 年、20 年、30 年と、CEO の在任期間を超越した視点をもって持続的に経営していくために、自社を取り巻くさまざまなステークホルダーとの関係において、自らが何のために存在しているのか、経営の軸となる指針を示していく必要がある。

　パーパスと似た概念として経営理念がある。パーパスと経営理念は別物なのか、それとも同一なものであるべきなのかは議論が分かれるところである。その差異について詳細に論じることは本書の目的から離れるため、ここではこれ以上掘り下げることはしない。重要なのは、この後に触れる経営ビジョンは、パーパスや経営理念が拠り所となって設定されるべき、という点である。

　この観点からすると、パーパスは、単に「すべてのステークホルダーのために」という一般的な表現ではなく、「どのようなステークホルダーに対して」、「何をもって」、「どのようにして」存在意義があるのかを比較的具体的に示していく必要があるであろう。例えばネスレは、「食の持つ力で、現在そしてこれからの世代のすべての人々の生活の質を高めていきます」をパーパスとしている。ネスレの存在価値が何なのか、経営ビジョンや事業ポートフォリオの基本方針の拠り所として具体性を伴った説明となっている。

　経営理念を設けている企業は多いが、あえて抽象度を高くして設定されているものも多い。そのような場合には、経営理念をパーパスの上位概念として位置付け、パーパスは別途設定するのが良いであろう。

(2) 経営ビジョン

　経営ビジョンは、経営の目指すべき方向性を定めたものである。パーパスは明確に期限を設けていないのに対し、経営ビジョンはその内容を実現するおおよその時期を設定するケースが多い。企業によっても異なるが、おおよそ 10 年の期間がひとつの目安となることが多いようだ。今であれば、2030 年〜2035 年を期限とするビジョンを公表する企業が多数存在する。

　経営ビジョンを 10 年とする理由としては、例えば以下が考えられる。

　1 点目は事業サイクルである。ビジネスモデルによっても異なるが、投資を行ってから回収期に入る前には相応の年数を要する企業も多く、中期経営計画の期間内に事業をキャッシュカウビジネスにまで成長させるのは困難なケースも多い。中期経営計画よりも長いサイクルで事業のサイクルを捉える際に、10 年は

きりが良い数字、という思いがあるようだ。

2点目は、SDGsの達成期限が2030年ということである。SDGsの達成期限と自社のビジネスとの整合性をとり、SDGs達成への貢献という観点で経営ビジョンを設定するものである。本書を執筆している2022年からみて、SDGsが定める2030年までは10年を切っている。今から経営ビジョンを策定する場合には、SDGsの期限に囚われずに2035年くらいまでも目安として設定する企業も出てきている。

経営ビジョンの設定に当たって重要なのは、自社の事業サイクルを念頭に設定した達成期限においてどのような環境変化を想定するかである。近年では、バックキャストの発想を取り入れ、例えば2030年に想定される社会や経営環境の変化を踏まえ、逆算の発想で自社が目指すべき方向性を経営ビジョンとして定める手法を取り入れる企業も増えている。

(3) 事業ポートフォリオ

パーパス／経営理念に基づいて経営ビジョンが決まれば、自ずと事業ポートフォリオの方向性も決まるはずである。ここで重要なのが、事業ポートフォリオに関する基本方針をどのように設定するかである。

事業ポートフォリオの基本方針とは何を指すのか。コーポレートガバナンス・コードでこれが明確に定義されているわけではないが、事業再編ガイドラインにおいて以下の記載がある。

> 「事業ポートフォリオに関する基本方針」とは、子会社を含めた企業集団（グループ）の事業ポートフォリオに関する基本方針を指す。具体的には、企業集団（グループ）として、どのような事業を有し、各事業にどのように経営資源の配分を行うかに関する基本方針をいい、事業ポートフォリオ（具体的な構成）の在り方に限らず、事業ポートフォリオマネジメントのための社内の実施体制の整備や事業評価の仕組みの在り方も含む。

つまり、事業ポートフォリオに関する方針は、「事業の構成」と「評価の仕組み」の2つの要素によって構成される必要があるということである。

「事業の構成」は、企業グループとして足元でどのような事業を有しているのか、またどのような事業構成を目指していくのか、ひいては経営資源をどのように配分していくのかを方針として取締役会が決めることが必要ということであ

る。

　また、「評価の仕組み」は、まさに事業ポートフォリオの評価プロセスと、その組換えに向けた実施体制をどのように執行サイドが組み立て、取締役会として監督するかという視点が必要ということである。

　この「事業の構成」と「評価の仕組み」をいかにプロセスとして構築するかが本書のテーマである。これらについては第2章以降で詳細に取り上げる。

（4）マテリアリティ

　マテリアリティは、事業ポートフォリオを構築し、企業価値を高めるうえで、経営上対処すべき重要課題である。この重要課題は、サステナビリティを巡る取組みに関する基本的な方針と整合している必要がある。

　経営ビジョンの策定にあたり、バックキャスト手法などを用いて長期の経営環境の変化を棚卸することが多い。経営環境の変化には、コーポレートガバナンス・コードにも言及のある気候変動、人権など、多様なサステナビリティ課題が含まれるであろう。そのうち、事業ポートフォリオを組換えるに際して優先的に対処すべき課題がマテリアリティとして設定されるべきである。

　取締役会は、サステナビリティに関する基本方針の取組みについても実効的に監督する必要性がある。事業ポートフォリオの評価・組換えと合わせ、企業固有のマテリアリティへの対応状況についてモニタリング、評価するのである。

　なお、サステナビリティを巡る課題は、リスクの側面が強いが、改訂されたコーポレートガバナンス・コードが示すように、その中には収益機会もある。収益機会は、事業ポートフォリオの組換えによって実現していくべきものである。マテリアリティの収益機会とリスクをそれぞれ事業ポートフォリオとサステナビリティの基本方針によってカバーし、一体的な運営の中で収益機会の実現と経営リスクの低減につなげていくことが重要である[2]。

　これら、(1)～(4)の具体的な実行計画が中期経営計画である。

2　マテリアリティに関しては、ダブル・マテリアリティやダイナミック・マテリアリティの概念も提示されている。前者は欧州委員会が2019年に示したものであり、自社にとってのマテリアリティと社会にとってのマテリアリティを区分するというものである。後者は2020年9月にCDP、CDSB、GRI、IIRC、SASBといったサステナビリティに関する団体が共同声明を出したものである。これは、マテリアリティは時代とともに変化する動的なものであるということを示している。本書は、マテリアリティの特定がテーマではないため詳細には触れないが、事業ポートフォリオの変化に合わせてパーパスや経営ビジョンは見直されてしかるべきものであり、マテリアリティも合わせて変化していくものと考えている。

このように、パーパス／経営理念→経営ビジョン→事業ポートフォリオ→マテリアリティ（サステナビリティ）→中期経営計画というように、パーパス／経営理念を出発点として中期経営計画までを一連の体系立った流れとして整理し、その中で事業ポートフォリオを位置付ける必要がある。

なお、事業ポートフォリオを評価し、組換えを行う中で、パーパスや経営ビジョンを柔軟に組換えることの必要性についても言及したい。持続的かつ中長期的に企業価値を向上させていく中で事業ポートフォリオの構成も変わり、ひいてはビジネスモデルも再定義されていくのは必然である。ビジネスモデルが変われば、企業がステークホルダーに対して創出する価値も変化していくであろう。パーパスや経営ビジョンのあり方も変化して然るべきである。あくまでも中長期の時間軸の中でではあるが、パーパスや経営ビジョンを固定的に捉えず、事業ポートフォリオの組換えと合わせて柔軟に変化させていくのも企業の持続的な成長には必要である。

そのためにも正しく事業ポートフォリオを評価し、その組換えを推進するプロセスの構築が必要である。

6. 株主第一主義 vs ステークホルダー主義

本章の最後に、昨今台頭しているステークホルダー主義についても取り上げたい。

ステークホルダー主義は、ESG やサステナビリティに対する意識が高まる中で 2019 年頃から殊更強調されるようになった。

特にその契機となったのが、米国の主要企業の経営者をメンバーとする Business Roundtable が 2019 年 8 月に公表した "Statement on the Purpose of a Corporation"（企業の目的に関する声明、以下、ステートメントという）の改訂である。ステートメントは、改訂前までは株主利益の実現を企業の目的と捉えていたが、改訂後は「すべてのステークホルダーに対するコミットメント」を謳い、ステークホルダー主義に方針転換したと多くのメディアが報じることとなった。

しかしながら、Business Roundtable の声明を詳細に見ると、ステークホルダー主義は株主利益の実現と必ずしも相反する内容ではないことがわかる。

以下は、ステートメントのステークホルダーに対するコミットメントの箇所を抜粋したものである。

Statement on the Purpose of a Corporation

While each of our individual companies serves its own corporate purpose, we share a <u>fundamental commitment to all of our stakeholders</u>.（すべてのステークホルダーへのコミットメント）We commit to:

- <u>Delivering value to our customers</u>.（顧客に対して価値を提供する）We will further the tradition of American companies leading the way in meeting or exceeding customer expectations.

- <u>Investing in our employees</u>.（従業員に対して投資を行う）This starts with compensating them fairly and providing important benefits. It also includes supporting them through training and education that help develop new skills for a rapidly changing world. We foster diversity and inclusion, dignity and respect.

- <u>Dealing fairly and ethically with our suppliers</u>.（サプライヤーに対して公平かつ倫理的に対応する）We are dedicated to serving as good partners to the other companies, large and small, that help us meet our missions.

- <u>Supporting the communities in which we work</u>.（事業を展開する地域を支援する）We respect the people in our communities and protect the environment by embracing sustainable practices across our businesses.

- <u>Generating long-term value for shareholders</u>,（株主に対して長期的にリターンを創出する）who provide the capital that allows companies to invest, grow and innovate. We are committed to transparency and effective engagement with shareholders.

出典：Business Roundtable "Purpose of a Corporation" より転載。下線部分および日本語のコメントは筆者による。

　最後に記載されているとおり、ステートメントは株主に対して長期的に価値を創出することを明記している。株主にとっての価値は、株主資本コストを上回る ROE で表されることは周知のとおりである。ただし、株主が享受するのは、顧客（売上）、従業員（人件費等）、サプライヤー（原価）、地域（租税公課）といったように、事業活動にかかわらず多様なステークホルダーに対して便益を供与した後に残る利益である。つまり、あらゆるステークホルダーとの利害調整後の利益が株主資本コストを上回ることによってはじめて企業は株主に対して価値を創

出することができるのである。

　これは実のところ、コーポレートガバナンス・コードが求める「持続的な成長と中長期的な企業価値向上」となんら変わらない。企業は、株主を含むあらゆるステークホルダーと利害調整機能を果たしたうえで、中長期的に資本コストを上回る ROE を持続的に創出することが求められている。ステークホルダーへの配慮と株主への配慮は本来対立軸ではなく、同じ目線で捉えるべきである。

　角度を変えてみると、確かに短期的な株価上昇を目指して自社株買いや配当増額等、過度な EPS（一株当たり利益）上昇施策を志向する「株主第一主義」に対する反動として、ステークホルダー主義が声高に叫ばれるようになった側面があるのも事実である。しかしながら、ステークホルダー主義の真意は、企業の評価軸が「価額」から「価値」に移行したという点にあるのではないだろうか。今日において求められているのは、短期的な株価（価額）ではなく、中長期的な企業価値（価値）の向上であることからもそのことは見て取れる。

　難しいのは、仮に評価の尺度が「価額」から「価値」に移行したとしても、上場企業であればその「価値」は、株価という「価額」で評価されざるを得ないという側面があることである。上場企業には、企業価値を正しく株価に反映する努力が求められているということでもある（図表1-6-1）。

　本書の文脈でいえば、事業の組換えを通じて中長期的な企業価値向上を実現するとともに、その期待と成果を株価に反映させる、これもまた事業ポートフォリオ評価を通じて達成しようとしている目的のひとつである。

図表1-6-1　評価の尺度は「価額」から「価値」へ

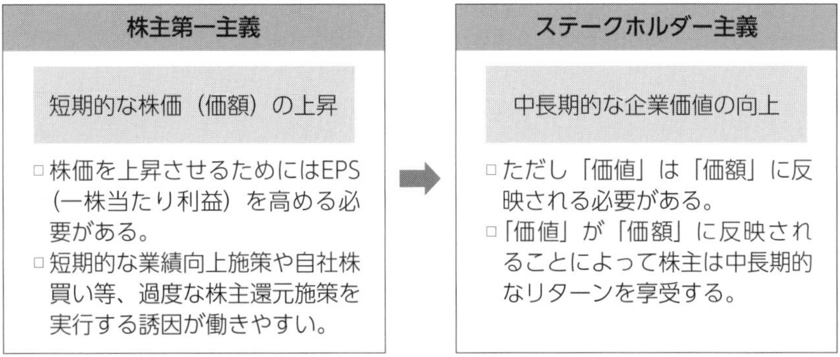

株主第一主義	ステークホルダー主義
短期的な株価（価額）の上昇	中長期的な企業価値の向上
□ 株価を上昇させるためにはEPS（一株当たり利益）を高める必要がある。 □ 短期的な業績向上施策や自社株買い等、過度な株主還元施策を実行する誘因が働きやすい。	□ ただし「価値」は「価額」に反映される必要がある。 □「価値」が「価額」に反映されることによって株主は中長期的なリターンを享受する。

出典：筆者が作成

34

第2章

事業ポートフォリオの
評価方法

1. 事業ポートフォリオ評価の目的

　事業ポートフォリオの評価は、それによってそもそも何を達成したいのかによって、評価軸や評価の視点が変わる。

　事業ポートフォリオ評価を実施する目的として一般的に挙げられるのは、主に以下の4つである。

① 投資を強化すべき事業の抽出
② 改善を要する、もしくは撤退の検討をすべき事業の抽出
③ 各事業の位置付けの見える化
④ 各事業の将来のプロット（将来当該事業をどの領域にもっていきたいか）

　原則論に立ち返れば、事業ポートフォリオ評価における最大の目的は、経営資源の最適配分を通じた企業価値の向上である。これを念頭に置くのであれば、事業ポートフォリオ評価の目的は、①投資を強化すべき事業の抽出と、②改善を要する、もしくは撤退を検討すべき事業の抽出、の2点に集約される。

　特に、欧米企業がいう「選択と集中」は、まさにこの点を指している。すなわち、ポートフォリオ評価は、強化すべき事業と撤退すべき事業とを峻別し、企業価値を高めるために経営資源を最適配分することに他ならない。

　一方、日本企業はというと、長年にわたってPL偏重の経営を推進してきたこともあって、売上や利益の規模でしか自社のポートフォリオを考えたことがなかったという企業も多い。事業ポートフォリオの評価軸として避けて通ることができないのが資本コストや資産効率性（ROICやEVA等）であるが、これらの観点も踏まえて自社の事業が今どのような位置付けにあるのかを十分に把握できていない日本企業は多数存在する。つまり、日本企業は、事業ポートフォリオ評価の目的として、③各事業の位置付けの見える化から議論を出発させなければならないのが実態である。

　目的の④にある各事業の将来のプロットは、自社の事業ポートフォリオの現状を把握したうえで、中長期的な戦略に照らして自らが強化あるいは撤退すべき事業について考察を重ねていくプロセスである。欧米企業の多くは、早くから経営管理に資本コストの概念を取り入れ、それを踏まえた自社の事業の現状把握や将来の戦略の方向性について議論する土台を整えてきた。事業ポートフォリオ評価でいうところの現状把握や、将来における各事業の位置付けの議論を所与として

「選択と集中」を推進してきたということもできる。

　日本企業も少なからず「選択と集中」を掲げてきたが、大胆な経営資源の配分にまでは至っていない。そこに至るためには、まず自社の事業ポートフォリオの評価軸を定め、評価を実施するプロセスの構築が必要である。

2. 事業ポートフォリオの標準的な評価方法

　近年日本で議論の高まりを見せている事業ポートフォリオ評価の議論は、実は1970年代から欧米企業を中心に議論されている。必ずしも事業ポートフォリオ評価に決まった型が存在するわけではないが、ここでは、「市場重視型」、「ポジショニング重視型」、「ライフサイクル／株主価値重視型」という3つの標準的な評価方法について取り上げたい。

(1) 市場重視型
　市場重視型は、プロダクト・ポートフォリオ・マネジメント（通称PPM）と呼ばれる手法で、1970年代にボストン・コンサルティング・グループが提唱した。この評価方法では、「市場成長率」（縦軸）と「相対シェア」（横軸）を評価軸とし、事業ポートフォリオを4象限のマトリクスで評価するのが特徴である（図表2-2-1）。

　縦軸に使用する市場成長率は、文字通り各事業が属する市場の成長率であるが、実績値と予想値のいずれを使用するかは個別に判断が必要である。事業ポートフォリオ評価の目的にもよるが、実務上は、実績値と予想値の年平均成長率（CAGR）が用いられるケースが多い。事業ポートフォリオの象限を区分する閾値に一律の決め方はなく、市場特性等を踏まえて経営者が任意に設定する必要がある。

　横軸に使用する相対シェアは、自社を除く最大シェアを持つ企業との対比で算出されたシェアである。相対シェア1.0倍は、最もシェアの高い他社と同率であることを表している。通常は、相対シェア1.0倍を閾値として設定し、事業ポートフォリオの象限を区分するのが一般的である。

　市場重視型では、4つの象限を、左上から時計回りに「問題児」、「花形」、「カネのなる木」、「負け犬」と区分する。

　「問題児」は、事業ライフサイクルの導入期から成長期にあって、市場の成長率は高いものの相対シェアが低く、利益が十分に上がらない事業を指す。将来の

図表2-2-1　市場重視型

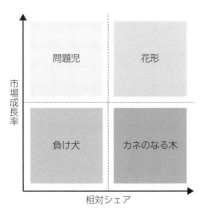

市場成長率

問題児　　花形

負け犬　　カネのなる木

相対シェア

「問題児」
- 事業のライフサイクルにおいて導入期～成長期にあり、市場成長率は高いが利益は上がらない事業。
- 将来見通しに基づいた効率的な投資が必要。

「花形」
- 市場成長率が高い中、シェアが高まる局面にある事業。
- 成長率を維持するために利益を犠牲にする必要がある場合がある。

「カネのなる木」
- 高い市場シェアを取れている事業。成長率は下がっており、追加投資をさほど必要とせずに利益を確保することが可能。
- 成長率が低位になる分、負け犬（衰退期）に突入する危険性も。

「負け犬」
- 市場が成熟し市場シェアも低い事業。

出典：PPMの考え方をベースに筆者が作成

見通しに基づいて効率的に投資することにより、ポジショニングを「花形」に変えていく必要がある。

　「花形」は、市場成長率が高く、かつ、事業の相対シェアが高まる局面にある事業を指す。相対シェアが1.0倍を超え、市場シェア1位としてトップラインが急激に伸びる一方で、そのポジションを維持するために継続的な投資が必要となることも多い。短期的に利益が犠牲になったり、フリーキャッシュフローもマイナスが継続したりするケースもある。

　「カネのなる木」は、市場成長率それ自体は低下しているものの、高い相対シェアが維持されている事業を指す。投資が一巡し、さほど追加投資を必要としない事業がこの象限に位置付けられる。利益・フリーキャッシュフローともにプラスであることが「カネのなる木」と言われる所以であり、ここで稼いだキャッシュを「問題児」や「花形」事業への投資に振り向けるのが経営資源の再配分の前提である。ただし、市場成長率の低下は経営上のリスクでもある。事業の成長性

と競争力を維持することができなければ、「負け犬」に突入する可能性もある。

　「負け犬」は、市場が成熟期を経て市場成長率・相対シェアともに低位となり、衰退期に入った事業を指す。是々非々でいけば、この象限に入った事業は、撤退を検討する必要がある。

　このように、市場重視型は評価軸がシンプルであり、わかりやすいというメリットがある。一方で、評価の視点は市場成長率と相対シェアの 2 つのみであり、利益やキャッシュフローといった財務指標は一切織り込まれていない。特に、資本コストの概念が一切入っていないため、「花形」や「カネのなる木」にプロットされる事業であったとしても ROIC は資本コストを下回っているケースも十分に想定される。事業ポートフォリオ評価の最大の目的が企業価値向上にあることを踏まえると、市場重視型のみによる評価は不十分と言わざるを得ない。

(2) ポジショニング重視型

　ポジショニング重視型は、1980 年代にゼネラル・エレクトリックとマッキンゼーが開発した事業ポートフォリオ評価手法である（通称、GE マトリックス）。この評価方法では、「業界の魅力度」（縦軸）と「競争上の地位（自社強度ともいう）」（横軸）を評価軸とし、事業ポートフォリオを 9 象限のマトリクスで評価するのが特徴である（図表 2 - 2 - 2）。

　評価軸に使用する「業界の魅力度」と「競争上の地位」の特徴として挙げられるのは、ともに複数の要素を織り込んだ合成指標という点である。

　縦軸の「業界の魅力度」は、市場規模や市場成長率といった定量指標に加え、今後の成長期待や規制状況といった定性情報を指数化し、各項目のウェイティング等を実施して点数化する。

　「業界の魅力度」に使用する評価項目として、マイケル・ポーターが提唱するファイブフォースを使用するケースも多い。すなわち、業界内の競争状態、参入障壁、製品の代替可能性、サプライヤーの交渉力、顧客の交渉力である。各事業が属する業界の特性や、競争環境を評価するうえで必要な要素がカバーされていることから、好んで使用する企業もある。

　横軸の「競争上の地位」は、市場シェアや業績推移（売上・利益等）、減損の発生率といった定量指標のほかに、製品やサービスの競争力といった定性情報を加味する。「業界の魅力度」と同様に定性・定量指標をともに指数化し、項目のウェイティングを踏まえて点数化する。

　ポジショニング重視型の最大の特徴は、このように複合的な視点を取り込んだ

図表2-2-2　ポジショニング重視型

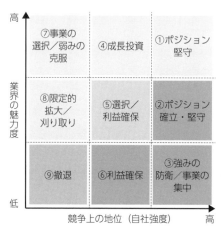

- 「業界の魅力度」や「競争上の地位」は企業ごとに設定可能。

- 「業界の魅力度」の例
  - □ 市場規模
  - □ 市場成長性
  - □ 業界内の競争状態
  - □ 参入障壁
  - □ 代替可能性
  - □ サプライヤーの交渉力
  - □ 顧客の交渉力　等

- 「競争上の地位」の例
  - □ 市場シェア
  - □ 業績推移
  - □ 減損発生率
  - □ 製品・サービスの競争力　等

出典：GEマトリックスの考え方をベースに筆者が作成

評価という点ではあるが、その裏返しとして恣意性が入りやすいという問題点がある。特に、定性評価は主観が入る余地が大きく、また、各項目をどのようにウェイティングするかも論点になり得る。継続的に評価プロセスを回していくうえでは、いかにして評価基準を明確にできるかが重要である。

　縦軸・横軸の閾値の設定の仕方についても、一律の設定方法はない。実際に各事業をポートフォリオにマッピングしてみたうえで、全体のバランスを見ながら個々に閾値を設定するケースが多い。

　ポジショニング重視型は、9象限に分かれている。①ポジション堅守、②ポジション確立・堅守、④成長投資の3領域は、企業価値への貢献度合いが最も高くなると想定されるポジションである。③強みの防衛／事業の集中および⑥利益確保は、業界の魅力度は低いものの、競争上の地位は高位・中位であり、大きな成長は見込めないものの、キャッシュを回収すべき事業といえる。⑦事業の選択／弱みの克服は、業界の魅力度こそ高いが競争上の地位が弱い事業であり、競争力を高めることで事業のポジショニングを④成長投資領域に変えていくことが求められる。⑧限定的拡大／刈り取りは、大きな成長が見込めない可能性があり、利益の刈り取りを優先して⑨撤退への移行が想定される事業である。

　判断が悩ましいのは、9象限のうち⑤選択／利益確保にプロットされる事業で

ある。この象限にある事業は、いうならば再投資によって①もしくは②に移行することを選択するのか、それとも利益・キャッシュフローの確保に徹するのかという判断が求められる事業である。何も手当てをしなければ⑥利益確保⇒⑨撤退をたどる可能性もあり、事業の位置付けを明確にする必要がある。

このように、ポジショニング重視型は、適正な評価がなされていれば象限が細分化されているからこそ各事業のポジショニングを明確にすることが可能でもある。

一方で、資本コストを踏まえた評価はポジショニング重視型単独では難しいのは市場重視型と同様である。競争上の地位の評価にROIC等を織り込むことは可能であるが、あくまでも数あるうちの1指標として勘案されるにとどまり、明示的に事業ポートフォリオの象限上で各々の事業が資本コストを上回るリターンを上げているのか否かを評価できるわけではない。企業価値向上という目的に立脚するのであれば、やはりポジショニング重視型だけでは事業ポートフォリオ評価にも限界があるであろう。

(3) ライフサイクル／株主価値重視型

ライフサイクル／株主価値重視型は、事業のライフサイクルと資本コストの概念を織り込んだ事業ポートフォリオの評価手法である。縦軸には、例えば成長率を使用し、横軸にはROICやROIC Spread、EVAを使用する（**図表2-2-3**）。

図表2-2-3　ライフサイクル／株主価値重視型

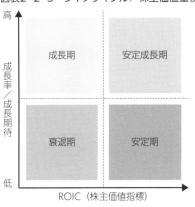

● 「成長率／成長期待」は成長率や市場規模・シェア等を使用する。
● 「株主価値指標」はROICやEVAを使用する。

出典：筆者が作成

縦、横いずれの評価軸でも構わないが、必ず資本コストを踏まえた評価指標を使用するのがこの評価方法の特徴である。資本コストの考え方を事業ポートフォリオ評価に織り込むことにより、株主価値を意識した評価を実施することがその目的である。閾値の設定は、ROIC を使用する場合には WACC、ROIC Spread の場合は 0％、EVA の場合は 0（ゼロ）とする。

　ライフサイクル／株主価値重視型は 4 象限のマトリクスで、左上から時計回りに「成長期」、「安定成長期」、「安定期」、「衰退期」と区分する。「成長期」から「衰退期」まで、事業の一連のライフサイクルを表している。

　「成長期」は、文字通り新規事業の立ち上げも含めて事業が成長段階にあることを示している。成長率は高いものの投資が先行し、利益・フリーキャッシュフローともにマイナスであることが多く、ROIC も WACC を下回って推移する。成長期にある事業はトップラインや利益の成長を優先すべきであり、事業ポートフォリオの位置付けとしても資本コスト割れは一定期間許容されるべきである。

　「安定成長期」は、いわゆる高成長・高 ROIC 事業である。成長期を経て事業が軌道に乗り、高いリターンを上げている状況である。成長が続いているため、投資も継続している。投資によって ROIC を構成する投下資本も増加する局面にはあるものの、利益が大きく伸びていることから、ROIC は高水準になるのが特徴である。

　「安定期」は、成長局面が終了すると同時に、投資も一巡する局面である。新たな投資は発生せず、償却が進むことで投下資本は軽くなる。ROIC は WACC を上回って推移するものの、成長鈍化も相まって利益は徐々に縮小し、ROIC Spread も低下する。成長回帰ができなければ、事業は「衰退期」に突入するリスクをはらんでいる。

　「衰退期」は、低成長、資本コスト割れ事業であり、事業の再構築や撤退判断が求められる。

　ライフサイクル／株主価値重視型は、財務評価に重点を置いているのが特徴である。逆説的にいえば、市場重視型やポジショニング重視型のように事業性は評価に織り込まれていない。企業価値向上を実現するためには、中長期的に ROIC Spread がプラスとなるような事業に経営資源を集中する必要があるが、財務数値を追いかけるだけでは必ずしも正しい事業ポートフォリオ評価に結びつくとは限らない。

(4) 3つの標準的な評価方法の特徴

　以上見てきたとおり、これらの3つの標準的な評価方法にはそれぞれ特徴がある。

　「市場重視型」は、事業性の視点が強い。この評価方法は、市場成長率と相対シェアを評価軸としており、他社との比較で自社の事業もしくは製品のポジショニングを強く意識した手法といえる。

　「ポジショニング重視型」もどちらかといえば事業性の視点が強い。評価軸は縦軸（業界の魅力度）・横軸（競争上の地位）ともに合成指標を活用するため、定量的な視点はある程度加味されるものの、結果的に指標を合成する過程で定性評価のウェイトが高くなることが多い。この評価方法も、「市場重視型」と同様に他社に対する自社事業のポジショニングを意識しているといえる。

　逆に、「ライフサイクル／株主価値重視型」は、評価軸のひとつとして各事業の資本コストに対するリターンに重点を置いていることからもわかるとおり、財務評価の視点が強い。もう一方の軸に何を置くかという議論はあるものの、成長率や利益率を活用する以上は、純粋に財務的な観点から各事業の位置付けを見ようとしていることがわかる。

　実務上、これら3つの評価方法を単独で使用するケースは少ない。事業性評価だけに依拠していては、事業性は高くとも資本コスト割れの事業に経営資源を投入するという事態が起こり得るのに対して、財務評価に重きを置くだけでは将来の成長の芽を摘んでしまう危険性が伴う。事業ポートフォリオ評価は、事業性評価と財務評価の観点をバランスよく取り入れたうえで、総合的に実施する必要がある。

3. 事業ポートフォリオの評価方法

(1) 評価単位の設定

　事業ポートフォリオ評価の大前提として、どの単位で事業ポートフォリオを評価したいのかを決める必要がある。事業ポートフォリオ評価の目的は、経営資源の最適配分である。その評価単位は、経営資源の投下（投資）と引き上げ（撤退）が実施できる単位であることが望ましい。

　一般的には、「事業部門」単位とすることが多い。しかしながら、事業部門が複数の性質の異なるサブセグメントで構成されている場合や、バリューチェーンが複数の事業部門に跨がっている場合には、「事業部門」が適切な評価単位にな

らないケースも多い。評価単位が細かくなればなるほど事業ポートフォリオ評価に必要なデータが把握できない、という副次的な問題も生じる。

　事業ポートフォリオ評価は、それ自体が独立した評価プロセスとして成り立つのではなく、業績評価と連動している必要がある。事業ポートフォリオ評価によって事業の現在地を見極め、投資と撤退を含む将来のあるべき姿を描き、その進捗を年度ごとの事業計画の予実管理で評価する。つまり、事業ポートフォリオ評価と業績評価の評価単位が異なっていては、そもそも事業ポートフォリオ評価の意味合いがない、ということになる。

　もし仮に評価単位が事業ポートフォリオ評価に適さないのであれば、それはそもそも業績評価の評価単位の設定が不適切であることを意味している。どの単位で事業を評価するかは、換言すれば、経営はどの単位で事業の動きを把握したいのかということであり、評価単位はその方針のもとに設定されるべきなのである。

(2) 事業ポートフォリオのマッピング方法

　前節で記載したとおり、事業ポートフォリオ評価の実施に際しては、事業性評価と財務評価をバランスよく取り入れる必要がある。それではどのように事業ポートフォリオをマッピングするのか、その方法論について論じることとしたい。

　事業ポートフォリオのマッピング方法には、「1面評価」と「2面評価」が存在する（図表2-3-1）。

　1面評価は、文字通り事業ポートフォリオを単体の「面」を使用して評価する手法である。アプローチ方法には、財務評価のみで評価する方法（アプローチ①）と財務評価に事業性評価を掛け合わせて単体の面として事業ポートフォリオを評価する方法（アプローチ②）の2つがある。

　1面評価のアプローチ①では、縦軸・横軸ともに財務評価指標を活用する。一例として、3つの標準的な評価方法のうち、「ライフサイクル／株主価値重視型」がこれに相当する。この評価方法のメリットとしては、把握できる数字を使って評価するため、作成と管理が比較的容易であるという点が挙げられる。一方で、純粋な財務評価に限定されるため、評価の視点が限られるとういう問題点もある。

　アプローチ②は、同じ1面評価ではあるものの、事業性評価と財務評価を併用する手法である。例えば、縦軸にROICのような財務評価、横軸は事業性評価で事業をプロットすることにより、財務と事業性の両面から事業の立ち位置を評価

図表2-3-1　事業ポートフォリオのマッピング方法

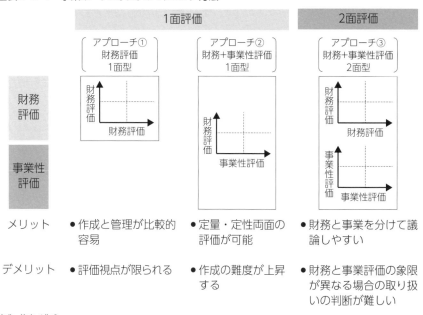

出典：筆者が作成

することを目的としている。この手法は財務評価に留まらないため、評価の視点が広がって財務と事業性の両面から事業ポートフォリオについて考察を深めることが可能となる。ただし、何をもって事業性評価を行うかについては多様な論点があり、評価の実施それ自体の難度は高くなる。

　一方で、2面性評価（アプローチ③）は、例えば、事業性評価と財務評価に特化した事業ポートフォリオマッピングをそれぞれ用意し、両者の観点を踏まえて総合的に評価しようとするものである。例えば、「市場重視型」と「ライフサイクル／株主価値重視型」を併用するイメージで、事業性は「市場重視型」で分析し、資本コストを踏まえた財務評価は「ライフサイクル／株主価値重視型」で実施する、という具合である。

　アプローチ③の良さは、事業性と財務の評価を分けて議論しやすいという点にある。事業性評価では右上の象限にいるが、財務評価では右下の象限、といったように、それぞれの位置付けを確認しながら議論することが可能である。

　一方で、組み合わせが多くなればなるほど判断が難しくなるというのも想像に

難くないであろう。特に、多くの事業を抱えている企業であれば、事業性評価と財務評価それぞれの事業ポートフォリオマッピングで見た位置付けの組み合わせが多くなり、判断が困難になることも多い。事業ポートフォリオ評価のあるべき目的に立ち返れば、なるべく多様な観点で各事業の位置付けの評価がなされるべきであり、事業ポートフォリオ評価の実施に当たっては1面評価のアプローチ②もしくは2面評価のアプローチ③をうまく活用することが求められる。

次に、これらのアプローチの前提となる事業性評価・財務評価をどう実施するかについて解説する。

(3) 事業性評価の実施方法

事業ポートフォリオ評価における事業性評価の目的は、対象事業の将来性を客観的に見極めるということにある。事業性評価にはマーケットの視点が織り込まれ、財務評価だけでは拾い切れない当該事業のポテンシャルや、財務評価の結果は良いが実は先行きは明るくないなど、事業の特性を客観視することが可能となる。財務リスクのみによる評価の潜在的なリスクをカバーすることができるという点もメリットである。

事業性評価は事業の将来性を評価しようとすることから、「期待事業性」と呼称されることもある。手法としては、「標準評価アプローチ」と「多面評価アプローチ」の2つがある（図表2-3-2）。

標準評価アプローチは、1軸＝1要素で評価する方法であり、「市場重視型」は、この典型例である。縦軸を市場成長率、横軸を相対シェアといったように、1軸に対して評価指標をひとつに限定するため、評価がシンプルで、かつ管理負担も軽い点が特徴である。

多面評価アプローチは、「ポジショニング重視型」でもみたとおり、1軸＝複数の要素で評価する方法である。評価軸となる「業界の魅力度」や「競争上の地位」は、複数の指標をスコアリングしたうえでウェイティングすることにより合成指数を算出し、各事業をプロットする。

「業界の魅力度」を評価する際に一般的に使用される指標は、市場成長率や市場規模、市場ボラティリティである。事業ポートフォリオの評価単位にもよるが、市場成長率や市場規模は、実績値・予想値を含めて数値を取得できるケースもある。市場ボラティリティは、市場規模の推移等がわかれば計算が可能である。

「ポジショニング重視型」の説明においても触れたが、「業界の魅力度」を評価する際にマイケル・ポーターが提唱するファイズフォースを使用するケースも多

図表2-3-2 事業性評価のアプローチ方法

標準評価アプローチ（1軸＝1要素で評価）

評価要素を2つに限定

評価軸A：市場成長率

評価軸B：相対シェア

評価軸A / 評価軸B

- 評価要素が絞られるため評価結果と指標の連動性がわかりやすい。管理負担も軽い。

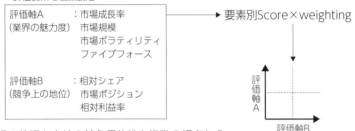

多面評価アプローチ（1軸＝複数要素で評価）

評価要素を複数設定

評価軸A　　：市場成長率
（業界の魅力度）　市場規模
　　　　　　　　市場ボラティリティ
　　　　　　　　ファイブフォース

評価軸B　　：相対シェア
（競争上の地位）　市場ポジション
　　　　　　　　相対利益率

→ 要素別Score×weighting

評価軸A / 評価軸B

- 市場の状況と自社の競争優位性を複数の視点から
見ることで、多面的な分析が可能。

出典：筆者が作成

い。ファイブフォースは、事業が属する事業環境の競争要因を5つに分類し、それらを踏まえて自社のポジショニングを評価する分析手法である。5つの要因とは、業界内の競争状態、参入障壁、製品の代替可能性、サプライヤーの交渉力、顧客の交渉力である。

　事業ポートフォリオ評価の実施に当たっては、これら5つの競争要因に基づいて各事業をポジショニングする必要がある。ただし、すべての要因を定量的に評価できるとは限らず、定性評価に依拠せざるを得ない部分も多い。後で振り返りができるように、評価の根拠や仮説を記録しておくこともさることながら、5つの競争要素を例えば5点満点でレーティングすることも必要である。そのうえで、市場成長性や事業規模等と合わせてウェイティングし、「業界の魅力度」としての総合得点を算出する。

　ウェイティングに際してどの要素に重点を置くのかは、企業が個々に判断する

必要がある。すべての項目を均等に評価するケースも珍しくはないが、市場成長率のウェイティングを若干高めにするなど、変更を加えることもある。「業界の魅力度」を評価するうえで何に重点を置くかは、企業が置かれている競争環境等を踏まえて熟慮すべきであろう。

　もうひとつの評価軸である「競争上の地位」は、業界における自社のポジショニングや自社の強度を評価する。具体的に使用する指標としては、相対シェアや市場シェアに加え、業績推移が多い。

　「市場重視型」の説明でも述べたが、自社を除くトップシェア企業との対比で算出するのが相対シェアであり、相対シェア 1.0 倍はトップシェアの他社と同率、1.0 倍以上は、当該他社のシェアを上回っていることを意味している。標準評価アプローチを用いて事業性を評価する場合には、相対シェアのみを活用するケースもある。

　多面評価アプローチを実施する場合には、複数の指標の点数をウェイティングしたうえで合成指標を算出する必要がある。使用する指標として、市場シェアのみならず業績推移が活用されるケースも多い。売上高や営業利益、EBITDA、ROIC の過去推移や予想値をもって閾値を設定し、その閾値ごとにスコアリングする。事業ごとの減損発生率を加味する場合もある。どの項目に重点を置くかによってウェイティングの在り方も変わってくるが、これも企業が個々に設定する必要がある。

　「業界の魅力度」、「競争上の地位」のいずれを評価する場合においても、多面評価アプローチを実施するに当たってはいくつか留意しておくべき点がある。

　1 つ目は、恣意性が入りやすいという点である。事業性評価にはどうしても定性評価が付き物であるため、客観性は損なわれることが多い。一方で、定量データだけでは事業性を十分に評価できないのもまた事実である。恣意性を完全には排除できない中で、いかにして客観性を保つかが事業性評価の難しい点である。

　2 つ目が、評価軸に使用する各種指標が合成されることで中身が中和されてしまい、実態を表さなくなることがある、という点である。例えば、市場成長率は高いが市場規模は小さい A 事業、逆に市場成長率は低いが市場規模は大きい B 事業があった場合に、配点とウェイティング次第では両事業の事業環境は全く異なるにもかかわらず、同じスコアが導出される結果になることも十分に起こり得る。多面評価アプローチを実施するに際して指数化を避けて通ることはできないが、導出されたスコアの持つ意味合いを十分に吟味しながら事業ポートフォリオ評価に使用すべきである。

(4) 財務評価の実施方法

　財務評価は、文字通り財務データから入手可能な数値を用いて事業ポートフォリオを評価するものである。

①資本コストを意識した指標 (ROIC・ROIC Spread・EVA)

　財務評価に必須なのは資本コストの観点である。資本コストを評価に織り込むためには、ROIC、ROIC Spread、もしくは EVA を使用する必要がある。

　まず、ROIC と ROIC Spread、いずれを活用するのが妥当なのかは議論が分かれるところである。仮に、全事業一律に同じ WACC を適用しているのであれば、ROIC の活用でよいであろう。事業ポートフォリオのマッピング上は閾値を WACC とし、ROIC の大小に応じて事業をプロットすれば ROIC が WACC を上回っているか否かを評価することができる。

　一方で、事業別に異なる WACC を適用している場合には、ROIC を用いて評価するのは難しい。なぜなら、ROIC の高さが必ずしも WACC に対してリターンを生み出していることを意味するとは限らないためである。こうした場合には、ROIC Spread の方が評価軸として適している。ROIC Spread であれば、各事業の WACC に対するリターンを事業ポートフォリオ上にプロットすることが可能となり、評価もしやすい。

　なお、ROIC も ROIC Spread も、「率」指標である点には要注意である。ROIC・ROIC Spread が高かったとしても、それが創出している付加価値の大きさを適正に表しているとは限らない。例えば、資本集約型事業とアセットライトの事業を同じ事業ポートフォリオにマッピングしようとすると、後者の ROIC・ROIC Spread は前者よりも高くなることが多い。しかしながら、生み出している付加価値の「額」を見た場合には、必ずしも同じ評価になるとは限らず、付加価値の絶対額を表す EVA が評価に適している場合も多い。

　図表2-3-3の左図では、縦軸を ROIC、横軸を CAGR とし、事業ポートフォリオをマッピングしている。バブルサイズは投下資本の額を表している。このマッピングによれば、ROIC は D 事業が最も高く、以下 C 事業、G 事業、B 事業と続いている。WACC は6％であるから、これら4事業の ROIC Spread はプラスであり、価値を創造する事業であることがわかる。B 事業のバブルは全事業中最大で、投下資本額が大きく、ROIC も WACC を上回る水準にあることから、コア事業と考えられる。A、E、F の各事業の ROIC 自体はプラスで黒字事業であるものの、WACC を下回っており、ROIC Spread はマイナスである。

　一方、縦軸を ROIC から EVA に変更すると、実は、最も付加価値を生み出し

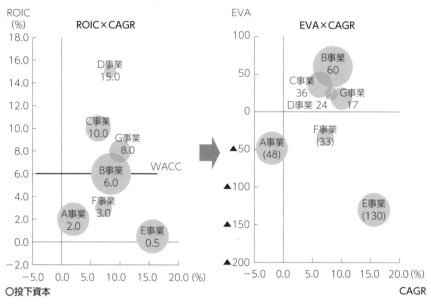

図表2-3-3　ROIC と EVA の評価の違い

出典：筆者が作成

　ているのは B 事業であることがわかる。B 事業は、投下資本額が全事業を通じて最大で、ROIC Spread も D 事業と比べればかなり低い。ROIC による評価では、B 事業は D 事業に劣後しているように見えるかもしれないが、EVA で見ると、B 事業の方が企業価値に寄与しているのは明白である。D 事業は、ROIC こそ高いもののビジネスの規模が小さく、EVA で見ると企業価値への寄与度は相対的に劣る。

　また、A 事業と E 事業の実態も、EVA で評価することによってより明らかになっている。両事業ともに ROIC Spread はマイナスであるが、EVA で評価した場合の企業価値に対するネガティブなインパクトはきわめて大きい。E 事業だけでも EVA のマイナス分が B 事業のプラスを大きく上回っている。A 事業・E 事業いずれも黒字事業ではあるかもしれないが、企業価値を大きく毀損していることがわかる。

　ROIC と EVA で評価に大きな差が出てしまうのは、その指標の性質にある。ROIC は、効率性を表す指標として非常に優れているが、規模感やビジネスモデ

ルが異なる事業（資本集約型かアセットライト型か）が混在する場合には、ROICの高低と創出している付加価値の多寡が必ずしも一致しない。ROICが評価軸として適しているのは、ビジネスモデルや規模感がある程度近似している事業の場合である。自社で抱える事業の性質を踏まえ、「率」指標か、あるいは「規模」指標かを選択する必要がある。

②資本コスト以外の財務指標

　資本コストの観点以外の財務指標としてよく使用されるのが、売上高成長率や営業利益率といった「率」指標や、営業利益やEBITDAといった「額」指標である。

　いずれの指標を用いるかは、何に重点を置いて事業ポートフォリオを評価したいのかによる。例えば、事業の成長性に重点を置くのであれば、年平均成長率（CAGR）が適している。また、全事業に営業利益率8％を求めているのであれば、事業ポートフォリオ評価と業績評価の親和性を高める観点からも営業利益率が適している。しかしながら、「率」指標にこだわりすぎると、規模の小さい事業の集合体のようなポートフォリオ構成になりかねない。そうした事態を回避するうえでも、営業利益やEBITDAといった「規模」指標を活用することも重要である。

　財務指標は、売上高や成長率、営業利益、営業利益率といった一般的な指標に留まらない。製造業であれば、経営管理に使用している限界利益（率）を事業ポートフォリオ評価にも活用することもあるであろう。また、労働集約型ビジネスであれば、一人当たり売上高といった指標も候補に挙がる。事業別に算出可能であることを前提に、付加価値（人件費＋経常利益＋賃借料＋金融費用＋租税公課）を使用するケースもある。事業ポートフォリオ評価と業績評価を連動させるという観点からも、通常業績評価に使用している財務指標を活用することには十分に妥当性がある。

　ここまで事業ポートフォリオ評価に用いる2つの評価軸について取り上げてきたが、マッピング上は第3の評価軸としてバブルの使用も可能である。バブルは、売上高や営業利益、EBITDAといったビジネスの規模を表すのに適している。

　また、投下資本サイズを表現するためにバブルを使用するケースもある。日本の多くの経営者は、これまでバランスシートに目を向けた経営を行ってこなかったこともあり、各事業がどれだけのバランスシートを使用しているかをそもそも認識していないことも多い。各事業がどれくらいの資金を投下してビジネスを展

図表2-3-4　財務評価

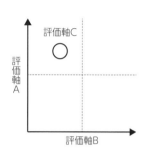

評価軸A：成長率（実績・予想）
　　　　　利益率
　　　　　売上高
　　　　　営業利益
　　　　　EBITDA
　　　　　限界利益
　　　　　一人当たり売上高　等
評価軸B：ROIC
　　　　　ROIC Spread
　　　　　EVA（ROIC Spreadの規模）
評価軸C：投下資本
（バブル）　売上高
　　　　　営業利益
　　　　　EBITDA　等

出典：筆者が作成

開しているのか、また、今後の投資でどの程度投下資本が膨らむ可能性があるのか
を視覚的に把握することも、事業ポートフォリオを評価する目的のひとつである。
この観点に立つのであれば、バブルは投下資本を使用するのが目的に適っている。
　資本コストの観点は必須として、その他2つの評価軸として何を用いるのが良
いかは、まさに事業ポートフォリオ評価の目的に応じて適切な組み合わせを考え
る必要がある（図表2-3-4）。

(5) 事業ポートフォリオ評価の時間軸

　事業ポートフォリオ評価の目的は、経営資源の最適配分である。そのために
は、まずは現時点における各事業の位置付けを把握し、そのうえで、今後各事業
をどのように持っていきたいのか、目指すべき事業ポートフォリオの将来像に各
事業をプロットする必要がある。
　ただし、各事業の現状を把握するうえで、一定時点の事業ポートフォリオの一
面だけを切り取って評価したとしてもうまくいかないことが多い。図表2-3-5
の図表は、縦軸をROIC、横軸を成長率、バブルを投下資本額として事業ポート
フォリオをマッピングしたものである。事業ポートフォリオを4象限に分け、縦
軸のWACCは6%、横軸の成長率は8%を閾値としている。そのうえで、左上の
象限を維持領域、右上を成長領域、右下を育成領域、左下を再構築領域と定義し
ている。
　この象限の定義に従えば、E事業は育成領域と判定される。E事業のROIC

図表2-3-5　時間軸を加味した評価 ①

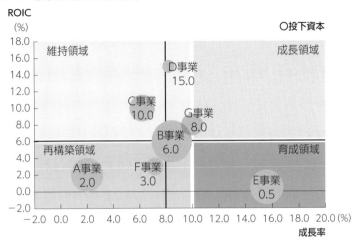

出典：筆者が作成

図表2-3-6　時間軸を加味した評価 ②

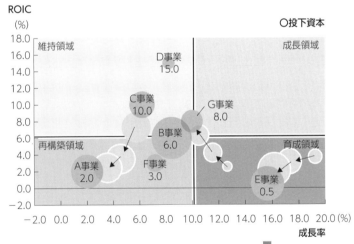

- □ 年々成長率とROICは低下。
- □ 育成領域にあるものの、再構築を要する事業として再構築プロセス（再建プラン）を執行する必要がある。
　⇒撤退基準と連動した評価が必要

出典：筆者が作成

0.5％は WACC を大きく割り込んでいるが、成長率は高いことから、さらに投資を行って中長期的に ROIC を引き上げていけばよい、となる。A 事業は再構築領域にあると判定され、再建プランの実行が必要不可欠で、ターンアラウンドができなければ撤退を検討すべき事業、となる。

　この評価方法は果たして正しいといえるのだろうか。図表 2-3-6 は、過去 3 年間の事業の変遷をもとに再プロットしたものである。E 事業は育成領域にあるものの、過去 3 年間にわたって投資を継続してきたことで投下資本が大きく膨らんでいるうえに、その間の ROIC・成長率はいずれも年々低下している。このように見ると、E 事業は投資の成果が出ていないと評価されても反論の余地はないであろう。こうした実績を踏まえてなお育成領域にある事業とするのは実情に合致していない。むしろ、G 事業は投資に合わせて ROIC が年々向上しており、事業ポートフォリオ上の位置付けが育成領域から成長領域へと大きく変わっていることが見て取れる。

　一方で、A 事業は維持領域から再構築領域に降下しているが、これは明らかに事業の位置付けが変わったことを示している。A 事業は、ROIC こそ WACC を下回っているものの、黒字事業である。再建プランを実行することで再び維持もしくは成長領域に回帰させるか、もしくは、それが難しいようであれば黒字が維持されている間に撤退するのが経営判断上は重要になる。

　E 事業の事例は、ある一時点だけを切り取って事業ポートフォリオを評価することの危うさを示唆している。各事業の位置付けを把握するに際しては、時間軸も考慮することが肝要である。そうすることにより、同じ育成領域にあったとしても、その意味合いは大きく異なってくる。もちろん、投資は未来に対して実施するものであり、サンクコストに固執するのは正しくない。しかしながら、過去に行った投資に関する課題点の検討や再評価をせずに投資を継続するのは、経営判断の誤りにつながりかねない。

　また、E 事業のケースは、事業ポートフォリオ評価と撤退基準の連動性がきわめて重要であることを示している。事業の撤退にはついては第 5 章で詳述するが、育成領域だからといって無尽蔵に投資できるというわけではなく、いったん「立ち止まる」仕組みが必要である。例えば、「3 期連続 WACC を下回る」という撤退基準が設定されていれば、E 事業は当該基準に抵触したことにより、経営判断として投資を継続するか再構築を促すかをいったん検討する機会を設けることができる。事業ポートフォリオ評価をひとつの独立したプロセスとして捉えるのではなく、投資・撤退の考え方と連動させる取組みが重要である。

⑹ ESG 評価の実施方法

　第 1 章でも触れたとおり、2021 年 6 月に改訂されたコーポレートガバナンス・コードは、自社のサステナビリティを巡る取組みに関する基本方針と事業ポートフォリオ評価に関する基本的な方針を取締役会が定め、かつ実効性の高い監督を行うことを上場企業に求めている。また、事業再編ガイドラインでは、自社の事業ポートフォリオがサステナビリティ（ESG 要素を含む中長期的な持続可能性）の観点から適切か否かを評価に織り込むことの重要性に言及している。このように、上場企業には、自社のビジネスモデルが持続可能なのか否かという観点を事業ポートフォリオ評価にも織り込むことが求められている。

　当然ながら、従来の事業性評価にビジネスモデルに関するリスクや機会の観点が欠落していたわけではないが、昨今求められているのは、より体系的に持続可能性に関するリスクや機会を捉えるということであり、そのためには ESG を切り口とした評価軸を事業ポートフォリオ評価に組み込んでいく必要があるのである。

①ビジネス・マテリアリティの特定と ESG リスクの分類

　ESG の評価軸を事業ポートフォリオ評価に組み込むためには、各事業にとっての重要課題、すなわちビジネス・マテリアリティを特定しなければならない。当然のことながら、事業特性や事業が抱えるリスクはさまざまである。各事業の持続可能性を毀損する要素が何かを ESG の観点で棚卸した結果がビジネス・マテリアリティである。

　ビジネス・マテリアリティの特定にはさまざまな方法がある。最も代表的な方法は、ESG 基準や ESG 規範の援用であるが、その他に ESG インシデントも参考になる。そのうえで、最終的に各事業部門が個別に把握しているリスクを考慮する。

　代表的な ESG 基準は、ESG 格付機関の評価基準である。日本で広く認知されている ESG 格付機関は、FTSE、MSCI、S&P Global（DJSI）、Sustainalytics の 4 機関である。ESG 格付機関は、評価すべき ESG 項目を業種ごとにウェイティングすることにより、その格付に業種別のリスクを反映している。

　ESG 規範として機関投資家の認知度が高いのは、SASB（サステナビリティ会計基準審議会）が発行している "Engagement Guide" や業種別メトリックスである。例えば、"Engagement Guide for Asset Owners & Asset Managers" は、77 のセクターごとに機関投資家と企業が対話すべき内容について詳述している。SASB は、2021 年 6 月に IIRC（国際統合報告評議会）と統合し、Value

Reporting Foundation（VRF）が設立されたが、SASB の規範等はそのまま引き継がれている。

　ビジネス・マテリアリティを特定するうえで考慮すべきもうひとつの観点は、ESG インシデントである。これは、ESG の各テーマに関連し、過去に発生した事件や事故の件数を業種別に積み上げたものである。人権侵害や国内法令違反等、過去に発生した事件・事故件数の傾向は業種によって異なる。それらを集計したデータベースを参考に、業種ごとの ESG リスクの傾向を見ていくアプローチである。

　ESG 基準や規範、ESG インシデントは、業種ごとの切り口になってはいるものの、やや包括的でビジネスの個別性にまでは踏み込めていないことが多い。特に、ESG 基準や規範は、多くの企業を一律の基準で評価することにより ESG 格付を付与するという性質上、比較的ハイレベルなものになっていることが多い。さらに、あくまでも連結グループ全体を評価する目的で策定されていることから、事業ごとの課題の掘り起こしは想定されていない。

　したがって、ビジネス・マテリアリティを特定するに際しては、ESG 基準や規範、ESG インシデントをベースにおおよその論点を洗い出したうえで、最終的に事業部門が把握している ESG リスクを十分に加味する必要がある。事業部門は、日々ビジネスを展開する中で、さまざまな課題に直面している。サプライヤーや顧客からのカーボンニュートラルの要請はその代表例であろう。事業によっては人権リスクへの対応が相対的に強く要請されるケースもあるであろう。このような形で、事業部門が把握している ESG リスクを勘案しながらビジネス・マテリアリティを特定するのである。

　なお、ビジネス・マテリアリティの特定に際して ESG を活用する場合には、その時々で重要テーマが変遷するという ESG 分野の特徴に留意しなければならない。例えば、気候変動対応の重要性は指摘するまでもないが、ここまで議論が高まってきたのは 2019 年後半くらいからである。また、2021 年に入ってからは、対処すべき課題として人権リスクが急浮上してきている。2021 年からはTNFD（Taskforce on Nature-related Financial Disclosures, 自然関連財務情報開示タスクフォース）が始動し、フレームワーク作りが進む中で、ビジネスを展開する中での生物多様性に対する配慮がフォーカスされるのではないかと目されている。自社の各事業にどのようなテーマがどのように影響するのか、という点に絶えずアンテナを張っておくということは、ビジネス・マテリアリティの特定のみならず、その更新、事業ポートフォリオ評価への反映という観点からも重要で

ある。

　事業ごとにビジネス・マテリアリティが特定されたら、次の段階として、背景にあるリスクの発生可能性や財務への影響度などに基づいて、事業を例えばESG リスクの程度に応じて高・中・低といった形で分類する。本書では、ESGリスクを「トランジッション・リスク」、「持続化リスク」、「ビジネス・アズ・ユージュアル」に分類する例を示している（**図表 2-3-7**）。

　まず、「トランジッション・リスク」に分類される事業は、中長期的に見てESG リスクが高く、ビジネスモデルそれ自体のトランジッションなくしては競争優位性のみならず、事業性それ自体を損なう可能性があることを意味してい

図表2-3-7　ESG リスクの分類

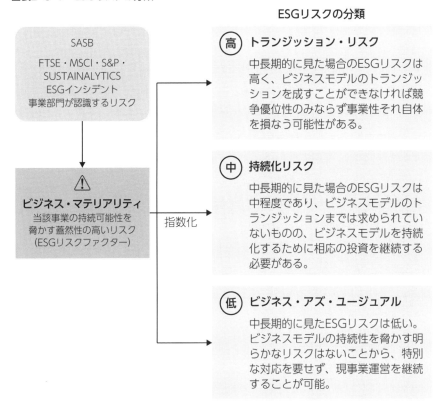

出典：筆者が作成

る。代表例は、炭素排出量が大きいエネルギーセクターや、自動車セクターおよびそのサプライチェーンに属する事業である。

次に、「持続化リスク」に分類される事業は、中長期的に見てESGリスクが中程度であり、ビジネスの大転換、トランジッションまではいかなくとも、ビジネスモデルを持続するためには相応の投資を継続しなければ成り立たない事業であることを意味している。

最後に、「ビジネス・アズ・ユージュアル」に分類される事業は、ESGリスクが低く、アズイズでビジネスを継続しても特段問題ない事業であることを意味している。

ESGリスクの分類方法はこれに限られないが、事業ポートフォリオにESG評価を組み込むに際しては、それぞれの事業が抱えるESGリスクの程度を把握することが出発点となる。

② ESG視点を踏まえた事業ポートフォリオ評価

事業ポートフォリオ評価にESGを組み込む手法として考えられるのは、「多面的評価」アプローチの活用である。すなわち、縦軸をROIC、横軸をESGリスクとし、リターンとESGリスクの関係性から事業の位置付けを見るのである。

図表2-3-8は、この方法で事業ポートフォリオをマッピングした事例である。

このマッピングでは、ROICが高いD事業は、トランジッション・リスクを抱えていることが示されている。持続可能性という観点では高リスク事業であり、ビジネスモデルをトランジッションできないかぎり、当該事業は座礁資産となる可能性もあるということである。経営者には、リターンを多少犠牲にしながらもD事業に投資することでESGリスクをコントロールし、トランジッションを図る戦略の立案・遂行が求められる。

事業ポートフォリオ評価にESGを組み込む別の手法として、事業性評価に反映させる手法もある。前述のとおり、事業性評価の代表的手法によれば、「業界の魅力度」と「競争上の地位」を掛け合わせて事業ポートフォリオを評価する。

「業界の魅力度」の中にはポーターによるファイブフォースの観点が含まれる等、ESG要素が間接的に織り込まれているケースが多い。しかしながら、評価の前提の置き方にもよるが、ESG要素が明示的に評価対象とされているわけではないことや、評価の時間軸が必ずしも中長期ではないこともあり、持続可能性に関する事業ごとのリスクが適切に反映されているかといえば、必ずしもそうではない。つまり、事業によっては、「業界の魅力度」や「競争上の地位」による

図表 2-3-8　事業ポートフォリオ評価への ESG リスクの反映①

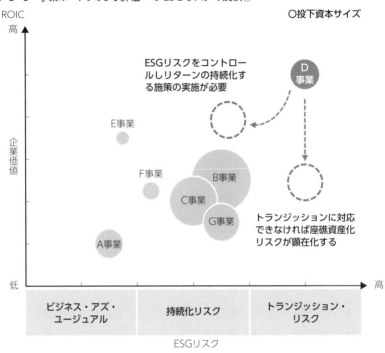

出典：筆者が作成

　事業ポートフォリオの位置付けは ESG リスクを反映するか否かで変わり得る。

　具体的には、「業界の魅力度」と「競争上の地位」に ESG リスク係数を加味し、各事業の位置付けを再評価する。図表 2-3-9 は、ESG リスク反映後で事業の位置付けがどのように変化したかを示している。

　ESG リスク反映前までは右上の拡大領域にあった A 事業は、ESG リスクを反映した結果、中央の再構築（選択）領域へと、そのポジショニングが変化している。つまり、トランジッション・リスクの発現により、その事業性が大きく毀損する可能性が示唆されている。経営者には、事業の成長回帰に向けて、いかにしてトランジッションを達成するか、あるいは、追加投資はせずに撤退を視野に事業の見極めを行うか、事業戦略として検討することが求められる。

　自社のビジネスがトランジッションを迫られているのか否か、多くの経営者はこの命題を認識しているであろう。一方で、それが言語化されていない、すなわ

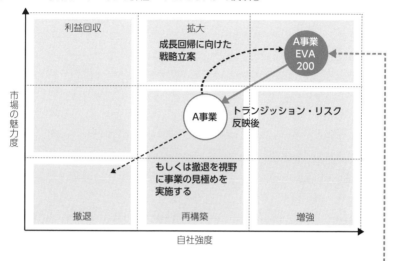

図表2-3-9　事業ポートフォリオ評価へのESGリスクの反映②

- □ A事業の場合、ESGリスクが高い＝トランジッション・リスクを抱えており、事業のポジショニングは大きく下がる可能性がある。
- □ A事業は成長回帰に向けて、どのようにトランジッションを成していくのかを事業戦略として検討していく必要がある（もしくは追加投資はせず、撤退を視野に事業の見極めを行う）。

出典：筆者が作成

ち客観的に示されていないがゆえに経営としても十分な議論がなされていないケースも多い。自社の事業ポートフォリオを明確に示すことにより、まずは各事業の位置付けを俯瞰的に把握し、経営判断の高度化につなげることが重要である。

（7）社会的インパクトの評価方法

　ここまでは事業ポートフォリオの評価方法として財務と事業性（ESGを含む）の2つの観点を活用したアプローチ方法を見てきた。近年これらに加えて、社会的インパクトの評価への注目度が高まっており、事業ポートフォリオ評価の観点からこれをどう織り込むべきかについて取り上げたい。

①社会的インパクトの概要

　社会的インパクトは、「短期、長期の変化を含め、当該事業や活動の結果とし

て生じた社会的、環境的なアウトカム」と定義される[3]。企業価値向上の観点からみた企業活動は、資本コストを上回るリターンを持続的に創出することによって評価される。一方で、企業活動は、その過程で社会にプラス・マイナスのインパクトを及ぼしている。このインパクトを一定のフォーミュラで定量化し、企業活動を評価することが社会的インパクトの目的である。

　社会的インパクトの定量化の議論は緒に就いたばかりであり、評価方法が確立されているわけではない。現時点では、Value Balancing Alliance（VBA）や国際金融公社（IFC）、ハーバードビジネススクールが各々提唱している評価方法が代表例とされている段階にある[4]。

　KPMG は、社会的インパクトの評価手法として、2015 年に "True Value Methodology" を開発している。True Value は、企業活動の「外部性を内部化」するという観点から社会的インパクトを金額換算して示すものである。

　図表 2-3-10 は、企業活動の「外部性を内部化」する工程と、その結果を示した「True Value ブリッジ」である。左に表記されている「財務的な利益」から、右の「真の創出価値（True Value）」までの間で加算・減算しているのが「外部性を内部化」した項目である。

　「外部性の内部化」は、「社会やステークホルダーにとっての便益」と置き換えるとわかりやすい。例えば、"Economic" に表記されている「税収の増加」は、企業が実際に支払った税金を社会にとっての便益と捉え、「財務的な利益」に加算する。「雇用の創出」は、PL に費用計上されている人件費を、主たるステークホルダーである従業員にとっての便益と捉え、「財務的な利益」に加算する。"Social" に表記されている「スキルの向上」も同様である。PL 上に費用計上されている従業員のスキル向上のために要した研修費用を、従業員にとっての便益として「財務的な利益」に加算するのである。

　"Environmental" に表記されている「大気への排出」は、社会にとってのマイナスの便益として、「財務的な利益」から減算する。これは、炭素税が導入された場合や、ICP（内部炭素価格）を設定した場合がイメージしやすい。炭素排出量が多くなればなるほど「炭素排出量×炭素税・ICP」の負担は大きくなる。逆

---

3 内閣府 社会的インパクト評価検討ワーキング・グループ「社会的インパクト評価の推進に向けて」2016 年 3 月。https://www.npo-homepage.go.jp/uploads/social-impact-hyouka-houkoku.pdf
4 VBA は環境・社会のインパクトを反映した会計基準の策定を目的に設立された。独 BASF 等の民間企業に加えて 4 大監査法人が参画している。IFC はインパクト投資の運用原則として "Operating Principles for Impact Management" を公表している。ハーバードビジネススクールは "Impact-Weighted Accounts Project" を推進している。

図表2-3-10　True Value ブリッジ

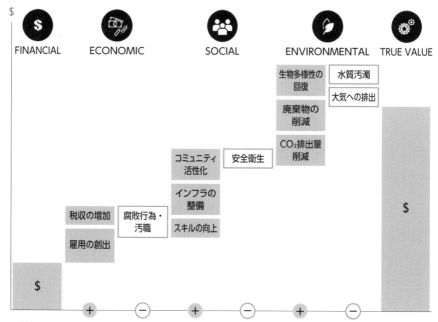

出典：KPMG Insight Vol.54「企業が社会にもたらす「真の価値」を可視化する」(2022年5月) より転載

に、炭素排出量の削減に成功すれば、その削減部分はプラスの便益として「財務的な利益」に加算される。

　これら「外部性を内部化」した項目を「財務的な利益」に加減算した結果が「真の創出価値＝ True Value」である。企業は、True Value 分の社会的インパクトを生み出していると評価することができる[5]。

②事業ポートフォリオ評価における社会的インパクトの評価方法

　事業ポートフォリオの評価軸として社会的インパクトを活用する場合には、次の2つの点について考察する必要がある。1点目は、社会的インパクトを事業ごとに算定する必要があるという点、2点目は、事業ポートフォリオ評価において

---

5 True Value の詳細や具体的な算定方法は、KPMG Insight Vol.54「企業が社会にもたらす「真の価値」を可視化する―KPMG True Value が目指す、社会的インパクトの金額換算―」(2022年5月) を参照されたい。

実際にどう使用するのかという点である。

　1点目の事業ごとの社会的インパクトの算定は、「外部性の内部化」を事業単位で捉えるところに難しさがある。「雇用の創出」や「スキル向上」に含まれる人件費や研修費は、事業ごとに直課または配賦されていることが多く、事業単位で認識することが可能である。一方で、温室効果ガスの排出量は、工場や施設単位でしか認識していない企業も多いのではないだろうか。事業と工場・施設が紐づいていれば集計は容易であろうが、事業部門を跨ぐ場合には配賦が必要となる。

　加えて、「外部性の内部化」は、連結グループでなければ認識が難しい項目も存在する。例えば、企業活動の結果として「コミュニティの活性化」を金額換算できたとしても、「コミュニティ」や「活性化」の定義やバウンダリーによっては事業別に区分するのは困難であろう。

　社会的インパクトを事業ポートフォリオの評価軸として設定する以上、当該評価項目は事業間で比較可能であるのが大前提である。そのためには、いずれの事業でも定量化が可能な「外部性の内部化」項目を決定したうえで算定する必要がある。それらの項目の活用が社会的インパクトの評価をするうえで十分性があるか否かを吟味することも当然必要である。

　2点目の事業ポートフォリオ評価における活用方法としては、例えば**図表2-3-11**のように縦軸に社会的インパクト、横軸にROIC Spreadを設定するといった評価方法が考えられる。

　A事業のようにROIC Spread、社会的インパクトともに高い事業は、いうならば経済的なリターンのみならず社会が享受しているリターンも高く、論点になることは少ないであろう。

　論点になり得るのはB事業およびC事業である。B事業はROIC Spreadは高いが社会的インパクトは低い事業、C事業はその逆でROICは資本コスト割れしているものの社会的インパクトは高い事業である。

　B事業はA事業と同水準の高いROIC Spreadを創出しているにもかかわらず、社会的インパクトという観点からはA事業を下回っている。社会的インパクトが正である以上、それ自体が直ちに問題になるものではないが、ROIC Spreadを犠牲にせずに社会的インパクトを最大化できるかどうかは今後の論点になり得る。仮に、社会的インパクトがマイナスの場合は、ESGの観点から問題をはらんだ事業である可能性がある。トランジッションリスクを抱えていないか、ESG評価の観点からも点検が必要であろう。

　企業価値向上の原則に立ち返れば、C事業は資本コスト割れしている以上、再

図表2-3-11　事業ポートフォリオ評価における社会的インパクトの評価

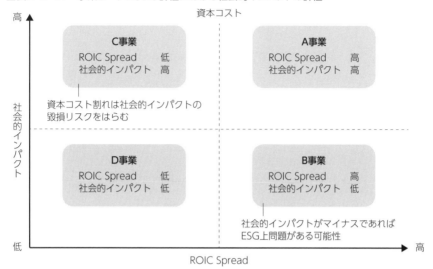

出典：筆者が作成

構築・撤退が必要ということになる。資本コスト割れが続くのであれば、そのまま事業を継続しても単独では再投資の原資を稼ぐことができず、結果的に社会的インパクトを徐々に毀損する可能性もある。また、いくら社会的インパクトが高いといっても少なくとも主たるステークホルダーである株主からは資本コスト割れは許容されないであろう。D事業も資本コストの観点からは同様である。

　株式運用の世界では、一部の大手機関投資家に、社会的インパクトの評価を株式ポートフォリオの評価に活用する動きが出てきている。一定の前提を置いて企業ごとの社会的インパクトを算定し、株式ポートフォリオの組成の評価に生かすというものである。社会的インパクトの計量化自体まだ議論としても始まったばかりであるが、企業価値と社会的インパクト双方の最大化を同時に実現するためにも、事業ポートフォリオ評価に社会的インパクトの視点を加えることは、今後より重要性を増すと想定される。

(8) 新規事業の評価方法
①新規事業の生存率
「新規事業は、事業ポートフォリオ上どのように評価すればいいのか。また、

図表2-3-12　米国のスタートアップ生存率

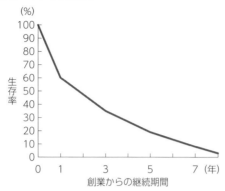

(%)

生存率

創業からの継続期間

出典：CB Insights より筆者が作成

ROIC で評価するにはどうすればいいのか？」

　ROIC 経営を志向・導入している企業から近年よく頂戴する質問である。新規事業の特性として、事業立ち上げから数年は売上以上にコストが嵩み、損失が累積する。新規事業開発に関わったことのある読者は、むしろ収益化するのはレアケース、といった経験をされた方も多いのではないだろうか。そのような状況でROIC を算定したとしても、分子の NOPAT が赤字であるかぎり、事業ポートフォリオ上は、撤退・縮小といった位置付けになる。果たして新規事業に対するROIC の活用は妥当なのだろうか。

　結論の前にもう少し新規事業の特性について解説したい。**図表 2-3-12** は、縦軸を生存率、横軸を創業からの継続期間として米国のスタートアップ生存率を示したものである。一目瞭然であるが、3 年後の生存率は 35 ％、8 年後にはわずか 3 ％となっている。成熟した既存事業の隣接領域における新規事業の生存率であれば、これよりも若干高いと考えられ、おおむね 10 ％前後といったところが筆者の経験則に基づく水準である。

　もうひとつ興味深いデータを紹介したい。**図表 2-3-13** は、この生存率の低さの原因となるスタートアップの失敗理由の一覧である。筆者が加筆しているが、その理由の上位を占めるのは、「ニーズがない・競合の検討不足・価格、コスト設定の問題・使い勝手の悪さ・ビジネスモデルの欠如・顧客フィードバックの無視」といった市場性に関わる項目となっている。したがって、新規事業が生存するために重要な要件は、市場性を充足することができるか否かといえる。

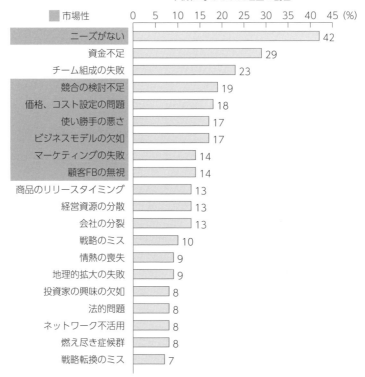

図表 2-3-13　スタートアップ失敗理由

失敗に挙げられた理由の割合

	理由の割合 (%)
■ 市場性	0　5　10　15　20　25　30　35　40　45 (%)
ニーズがない	42
資金不足	29
チーム組成の失敗	23
競合の検討不足	19
価格、コスト設定の問題	18
使い勝手の悪さ	17
ビジネスモデルの欠如	17
マーケティングの失敗	14
顧客FBの無視	14
商品のリリースタイミング	13
経営資源の分散	13
会社の分裂	13
戦略のミス	10
情熱の喪失	9
地理的拡大の失敗	9
投資家の興味の欠如	8
法的問題	8
ネットワーク不活用	8
燃え尽き症候群	8
戦略転換のミス	7

出典：CB Insights より筆者が作成

②新規事業の評価指標

　新規事業が市場性を充足するための要件を評価するために有効なフレームワークが、TAM/SAM/SOM である。TAM は Total Addressable/Available Market、SAM は Serviceable Addressable/Available Market、SOM は Serviceable Obtainable Market の略称である。その名が示すとおり、TAM は、獲得できる可能性のある最大市場規模および製品またはサービスの総需要、SAM は、実際にその製品がアプローチ（提供）できる市場規模と顧客セグメントの需要、そして、SOM は、実際にその製品が獲得できる市場規模、企業の売上目標をそれぞれ指している（図表 2-3-14）。

　例えば、2008 年当時における Airbnb の Pitch 資料（SlideShare：Airbnb Pitch

図表 2-3-14　市場性判断指標である TAM／SAM／SOM

出典：Measuring Product Health (Sequoia Capital, Data Science Team) を元に筆者作成

Deck From 2008)[6] によれば、TAM/SAM/SOM は次のように整理されている。TAM は、オンライン・オフラインにおける世界中の旅行予約件数として約20億件、SAM は、オンラインの低予算旅行予約件数として約5.6億件（28％）、そして SOM は、実際に Airbnb で予約された件数として約8400万件（4.2％）としている。日本初のスタートアップでクラウド会計ソフトの SaaS を提供する freee も同様に、TAM/SAM/SOM を公表している（freee：成長可能性に関する説明資料）[7]。TAM は、国内中小企業バックオフィス市場として 30.4兆円、SAM は、国内中小企業の IT 支出（ハードウェア除く）として2.5兆円（8.2％）、SOM は、「会計フリー＋人事労務フリー」の潜在的市場規模として約1.1兆円（3.6％）としている。

　このように、新規事業の評価に際しては、構成する市場の総容量から自社が獲得する可能性のある市場を設定することにより市場性を判断するのが合理的である。特に SOM については、新規事業の蓋然性を定量的に検討することができ、その根拠を突き詰めることで市場性判断の精度も高まる。

③新規事業の撤退基準（40％ルール）

　そうはいっても、新規事業の生存率は低い。新規事業を ROIC ベースの事業ポートフォリオにいつ加えるか、このタイミングとして重要なのが、新規事業継続の意思決定である。これは、撤退の意思決定と表裏一体であり、撤退基準が評価指標として有用であることと同義である。

---

6 https://www.slideshare.net/ryangum/airbnb-pitch-deck-from-2008
7 https://www.nikkei.com/nkd/disclosure/tdnr/d9tla7/

撤退基準のあり方については第5章で詳述するが、既存事業は赤字になった、というわかりやすい兆候を観測することができる一方、新規事業は立ち上げから赤字が続くため、何を撤退の兆候として観測すればいいか、わかりづらい側面がある。

　新規事業の代表的な撤退基準として挙げられるのが、利益目標の達成度である。これは、X年間といった見極め期間を設定し、「X年以内に黒字化」、「X年目に利益率Y％以上」といった数値を達成することができなければ撤退するといった基準である。具体的には、「3年で単年度黒字化、5年で累積損失解消」といった基準が採用されているケースが多い。利益目標の達成度は、時間軸で達成度を測り、撤退か否かを決めるという点では非常に明瞭な指標である。しかしながら、利益を用いると、本来新規事業は、事業ポートフォリオにおいて中核事業への成長が期待されて立ち上げられたにもかかわらず、成長を示す指標である売上が考慮されていないため、急速な成長による市場確保といった取組みが劣後するケースが多い。新規事業であるにもかかわらず、事業の生存を過剰に意識するがあまりに当初からコスト削減を志向するといった本末転倒な例もある。

　過度なコスト志向に陥ることなく、かつ成長も志向したバランスの取れた撤退基準として注目されているのが、米国のベンチャーキャピタルが採用している40％ルールである。この40％ルールは、近年興隆を見せるSaaS型スタートアップの撤退基準として、米国のベンチャーキャピタルの投資経験をもとに提唱されたものである。具体的には、「売上成長率」＋「営業利益率」が40％を超えない場合に撤退という意思決定がなされる。

　図表2-3-15は、アルゴリズムライセンス事業で急成長しているパークシャテクノロジーの40％ルールの推移である。2012年に創業した同社の「売上成長率」＋「営業利益率」は、IPOの前年には65％となっており、40％の撤退基準をクリアするばかりか上場まで果たしている。

　図表2-3-16は、フリマアプリのメルカリのケースである。こちらもIPO前年の2016年における「売上成長率」＋「営業利益率」は80％と、40％を大きく超えている。内訳を見ると、IPOまでの2015-16年の売上高成長率はきわめて高く、各々189％、80％である。一方で、2015-16年の営業利益率は、-26％、0％である。しかしながら、40％ルールによれば、メルカリは赤字続きであるもののきわめて高い成長が営業利益率をカバーし、投資家からも評価されてIPOに至っている。

　失敗事例についても触れておきたい。図表2-3-17は、QR・バーコード決済

業として 2012 年に創業したが 2018 年に実質的に経営破綻し、2018 年にメルカリに 1 円売却したオリガミのケースである。2015-2016 年の「売上成長率」＋「営業利益率」は各々－498％、－1,121％と、基準値の 40％を大きく下回っている。

　これらの事例が示すように、新規事業においてはこうした 40％ルールに近い撤退基準を採用することも有用である。筆者が新規事業開発を支援したケースで

図表 2-3-15　パークシャテクノロジーの 40% ルール事例

出典：SPEEDA より筆者が作成

図表 2-3-16　メルカリの 40% ルール事例

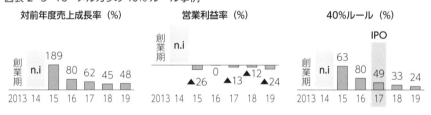

出典：SPEEDA より筆者が作成

図表 2-3-17　オリガミの 40% ルール事例

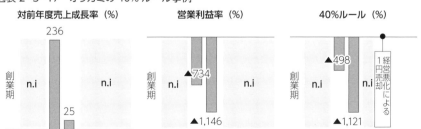

出典：SPEEDA より筆者が作成

は、40％基準を30％、モニタリング期間を5年とするなど、事業特性に合わせてカスタマイズしている。

　新規事業をROICベースの事業ポートフォリオへ移行する時期としては、この40％基準を達成し、営業利益率がプラスに転じたタイミングとするのもひとつであろう。

第3章

事業ポートフォリオの組換え

1. 事業ポートフォリオ組換えの成功事例

　事業ポートフォリオの組換えは、DX（Digital Transformation, デジタルトランスフォーメーション）と並んでPX（Portfolio Transformation, 事業ポートフォリオ変革）と呼称することもある。本節では、DXとPXの両立を図り、実際の事業ポートフォリオ組換えの成功事例と言われているLegrandを取り上げる。

(1) Legrand の事業内容

　Legrandは、フランスを拠点に世界90か国以上で事業展開する電気機器とデジタルソリューションを提供する建設インフラメーカーである。取扱製品は、スイッチ、ソケット、ブレーカー、コントロールパネルといった電設機器と、照明システム、無停電電源装置、ケーブル配線システムといった電設インフラが中心である。近年は、スマートスイッチ、スマートサーモスタット、接続ドアシステムといったIoT製品や、デジタルインフラ向けスマート配電ユニット、LAN・データセンター・オーディオ／ビデオ用のデジタルインフラシステムを開発し、DXに力を入れつつPXを図っている。

　また、グローバル展開も積極的であり、フランス、イタリアの基盤地域を足がかりに、北米やその他世界エリア（特に中国、インド）へとM&Aを戦略的に活用しながら事業を拡張している。図表3-1-2は、Legrandの地域別売上高の推移である。2004年は売上の7割をヨーロッパが占めていたが、2018年には、北米とその他世界エリアの売上が5割を超えている。このように、Legrandは、製品軸、地域軸の双方でPXを図っている。

(2) Legrand の ROIC と事業ポートフォリオ戦略

　図表3-1-3は、LegrandのROICの推移と事業ポートフォリオ戦略である。ROICの推移をみると、2004年に−6.9％、その後2008-09年にリーマンショックの影響を受けて一時悪化に転じた時期はあるものの、十数年以上継続して10％を超える水準で推移している。これは、ROICが10％に満たない多くの日系エレクトロニクスメーカーと比較すると、驚異的なパフォーマンスを維持し続けているといえる。

　10％を超えるROICを継続的に実現しているLegrandは、5年単位で事業ポートフォリオ戦略を策定している。2004-08年は、Reshaping Legrandをテーマに、落ち込んだ業績の回復に向けて、北米と新興国を成長ドライバーとして市場

図表 3-1-1　Legrand の戦略事業ユニットと取扱製品

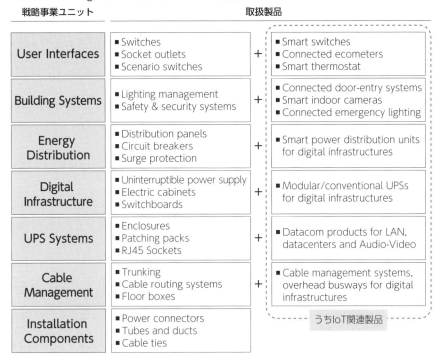

出典：Legrand "Registration Document 2019"、Legrand "Investor Day (June 12, 2019)" に基づき筆者が作成

図表 3-1-2　Legrand の地域別売上高の推移

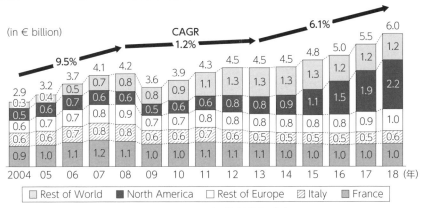

出典："Integrated Report2019" "Registration Document2019" に基づき筆者が作成

図表 3-1-3　Legrand の ROIC の推移と事業ポートフォリオ戦略

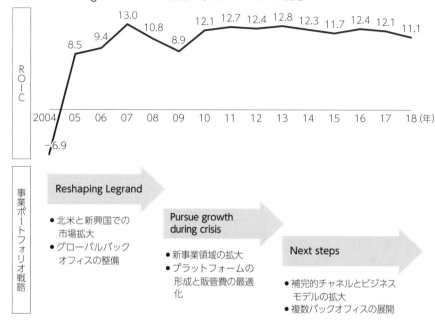

出典：SPEEDA、Legrand "Registration Document 2019"、Legrand "Investor Day (June 12, 2019)" に基づき筆者が作成

の拡大を図るとともに、効率性の向上を目的としてグローバルバックオフィスを整備した。2009-13 年は、Pursue growth during crisis を戦略とし、危機の最中にあっても成長を追求すべく、新事業領域の拡大とプラットフォームの形成のほか、販管費の最適化に取り組んだ。そして、2013-18 年は、Next steps として、補完的チャネルとビジネスモデルの拡大を図るべく、欧米市場を中心に IT distribution、Datacenter distribution、Assisted living を重点分野とし、2015 年に IoT 製品の展開を推進する「Eliot program」を発表した。さらに、効率性の向上として、RoW（Rest of World）市場の中国市場では、Electronics、ACBs（気中遮断器）、MCCBs（配線用遮断器）、IP door entry systems、smart PDUs、User Interface 領域を、インド市場では、Metal Cabinets、MCBs（家庭用小型遮断器）、User Interface 領域を強化した。

　Legrand は、こうした 5 年周期での事業ポートフォリオ戦略を実践することに

図表 3-1-4　Legrand の売上高の自力成長と M&A 成長

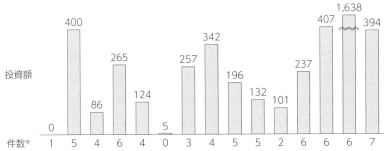

(in € billion)

凡例：
- 2004年売上高
- 自力成長
- M&Aによる成長

年	値
2004	2.9
05	3.2
06	3.7
07	4.1
08	4.2
09	3.6
10	3.9
11	4.3
12	4.5
13	4.5
14	4.5
15	4.8
16	5.0
17	5.5
18	6.0

出典：Legrand "Registration Document 2019" に基づき KPMG 作成

図表 3-1-5　Legrand の M&A 投資額と投資件数

投資額

| 400 | 86 | 265 | 124 | 5 | 257 | 342 | 196 | 132 | 101 | 237 | 407 | 1,638 | 394 |

件数※　1　5　4　6　4　0　3　4　5　5　2　6　6　6　7

出典：Legrand "Registration Document 2019" に基づき筆者が作成。
　　　一部 M&A 案件が年度を跨いでいるため、M&A 投資額が前後の年度に計上されている場合がある

より、10年以上にわたって高水準のROICを実現し続けているが、この戦略の根幹を担うのがM&Aである。**図表3-1-4**は、2004年を基準として、同社の売上高を自力成長とM&Aによる成長に分類したものである。自力成長以上にM&Aによる成長が大きく割合を伸ばしているのが見て取れる。2018年でみると、自力成長が約10億ユーロであったのに対し、M&Aによる成長は約20億ユーロとなっている。Legrandは、毎年1億〜4億ユーロをM&Aに投資しているが（**図表3-1-5**）、2010年以降の事業拡大は、Digital領域を中心としたM&Aが大きく寄与している。同社にはすでに製品のナレッジがあることから、製造拠点を保有している場合は自力成長で取り組み、新しいマーケットに参入する際にはM&Aを実施する、といった明確な方針の下でPXに邁進している。

(3) Legrand の DX と PX

　Legrand は、PX の方針に基づき、従来の 7 つの戦略的事業ユニットを、IoT 関連製品を効果的に展開するために、Home Systems、Assisted living、Energy Efficiency、Digital Infrastructure の 4 つに再編成している。Home Systems は、機器間をつないで情報をコントロールし、快適、安全な生活空間を実現する製品群であり、「User Interfaces」、「Building Systems」のうちの IoT 製品群を統合している。Assisted living は、自宅で独立して暮らすシニア層をサポートする製品群であり、「Building Systems」の IoT 製品群のうち、用途に該当するものに絞り込んでいる。Energy Efficiency は、消費電力を抑え、電力利用を効率化する製品群であるが、「Energy Distribution」、「UPS Systems」の IoT 製品群を統合している。最後に Digital Infrastructure は、情報通信ネットワークを構築する製品群であり、「Digital Infrastructure」、「Cable Management」の製品群を統合している。この新事業ユニットの再編成は、従来のプロダクト志向から、その名のとおり用途を念頭に置いたソリューション志向への変革であることがうかがえる（図表 3-1-6）。

　DX の代表的な取組みが、2015 年に発表された「Eliot プログラム」である。Eliot は <u>E</u>lectronics と <u>IoT</u> の組み合わせからなる造語であり、Legrand の DX の根幹をなす取組みである。Eliot プログラムをスタートさせた結果、新製品の売上高は順調に推移しており、2018 年で 2014 年の 3 倍の水準に達し、製品数は 2 倍、全体の売上高に占める Eliot 製品の割合も約 10％に至っている。2022 年には、大台の 10 億ユーロを目標として掲げている。2016 年にスマート PDU、電力制御パネル、2017 年に屋内から玄関先の状況が確認可能なドアエントリーシステム、スマートライティング、インターネットに接続可能なサーモスタット、そして 2018 年にはスマートスイッチ、セキュリティ機能を実装したスマートライティングシステム、音響制御システムと、立て続けに IoT 製品を発売している（図表 3-1-7）。

　こうした DX の取組みは、PX にも表れている。図表 3-1-8 は、Eliot プログラム前後の 2013 年と 2017 年の事業ユニット単位の売上比較であるが、2017 年には Digital infrastructure が 3 倍の規模になっていることが見て取れる。Legrand は、DX を通じて PX を実現し、成長を成し遂げているのである。

　驚くべきは、成長の一方で高水準の ROIC を維持していることである。M&A を活用した売上成長を図ると、総資産が膨らみ、ROIC は低下するのが通常である。これだけ積極的な M&A を実施しながら ROIC を高水準で維持するには、厳

図表3-1-6　Legrand の事業ポートフォリオ再編成

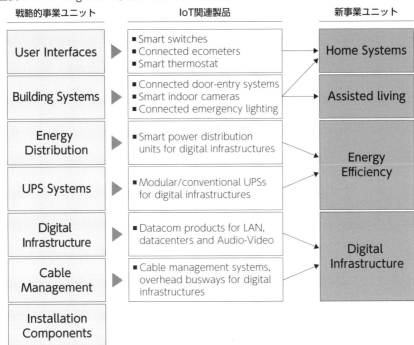

出典：Legrand "Registration Document 2019"、Legrand "Invest Day (June 12, 2019)" 資料に基づき筆者が作成

図表3-1-7　Eliot 製品の売上高の推移

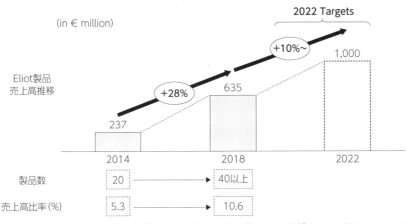

出典：Legrand "Registration Document 2019"、Legrand "Investor Day (June 12, 2019)"、Legrand "Full-year Results" を基に筆者が作成

図表 3-1-8　Business Unit の売上高推移

(in € million)

出典：Legrand "Investor Day Report (June, 2019)"、Redburn "Analyst report (December, 2017)"

格な投資基準と入念な準備といった投資判断プロセスの実装と運用が必要である。実際に Legrand には、M&A に関して、①地域マーケットにおけるシェア向上に寄与するか、②製品ラインアップが拡充するか、③高成長して自社のプレゼンスを大きく高める潜在力があるか、④財務基準に合致するかという 4 つの明確な投資基準がある。特に財務基準に関しては、買収価格が同業・同業種の価格水準（マルチプル）と同程度か、連結初年度から利益貢献するか、3-5 年後に ROIC が WACC を上回るか、といった基準のほか、高値買いをしない、会計的に収益貢献する、といった ROIC を意識した取組みがなされている。

2. PEファンドのバリューアップアプローチ

（1）PE ファンドのバリューアップ手法：投資前の事業ポートフォリオ評価

　Legrand は、積極的な M&A の活用によって PX を成功させているが、日本企業においてこうしたケースは少ない。KPMG FAS が 2019 年に実施した「M&A Survey」では、「拡大・複雑化する事業を管理できる体制になっているか？」という事業評価・ポートフォリオの管理に関する問いに対し、「てこ入れ事業特定のための基準を持ち、特定できる」という回答は 20 %（N = 269）にとどまった。

さらに、事業評価・ポートフォリオ入れ替えの検討頻度は、「必要に応じて」という回答が50％に上り、「1年に1回以上」という回答は34％にとどまった。

　こうした事業ポートフォリオ評価に課題を抱える日本企業にとって参考になるのが、PEファンドによるバリューアップ手法である。PEファンドは、買収した投資先の企業価値を3年から5年程度の短期間で向上させ、Exitする。筆者もPEファンドからの依頼で投資先に8か月間常駐し、事業変革を支援した経験があるが、システマティックに設計された収益向上アプローチと、企業を成長させる熱意といった硬軟を交えて、しっかりと企業価値向上を果たす、やりきる力に感嘆した。この経験は、鮮明に記憶に刻まれている。筆者が個人的に調査したPEファンドによる投資の成功率は「9勝1敗」と、驚異的な数値である。

　「買う前に投資の成功は決まる」。筆者がとあるPEファンドの幹部から直接伺った言葉である。投資先候補に対するデューデリジェンスに先立って実施されたキックオフミーティングでPEファンドから提示されたのは、投資候補企業の事業ポートフォリオに関するブループリントであった。デューデリジェンス開始前にもかかわらず、投資による成長加速事業、キャッシュ創出事業、てこ入れ事業、戦略的売却事業に類型化されていた。このブループリントは、デューデリジェンス前の段階で知り得る限りの情報に基づく分析から導き出される。このキックオフミーティングでPEファンドの初期的分析に基づく仮説が提示され、デューデリジェンスを担当するアドバイザーと論点およびその検証方法について擦り合わせを行うのである。なお、この事業ポートフォリオ分析では、指標としてROIC、市場成長性、事業競争力が用いられ、事業競争力として製品市場シェアが時間軸に沿って定量化されていた。この事業ポートフォリオ分析は、第2章で解説した事業ポートフォリオ評価と合致するアプローチである。

　事業ポートフォリオ分析の中で、戦略的売却事業という言葉が気になった読者がおられるかもしれないが、これは決して後ろ向きの話ではない。この分析を通じて当該事業にとって、投資候補企業がすでに「ベストオーナー」ではないことが示唆されており、新たなオーナーの下で再成長を図ることで事業価値を向上させる、という前向きな意思決定といえた。実際にデューデリジェンス段階で戦略的売却事業の事業価値を最大化できるベストオーナーを精査し、売却候補企業のリストアップが行われていた。

　また、事業成長のためには攻めの戦略として事業提携や買収の支援も行う。前述したてこ入れ事業は、自力での収益向上が難しいことが多いため、外部資源を組み合わせることで事業価値の向上を図ることも躊躇しない。筆者が支援したケ

図表 3-2-1　投資候補企業の事業ポートフォリオのブループリント

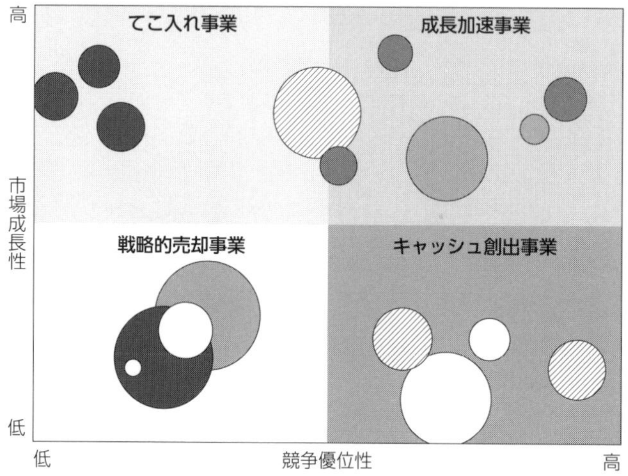

出典：筆者が作成

ースでも、対象事業の収益向上に向けてソフトウェア改造が必須であることが判明したため、ソフトウェア企業との提携を通じて機能改善を図り、収益改善につなげた経験がある。

　近年は相当減ってはきたものの、PEファンドというと、日本ではメディアで"ハゲタカ"と揶揄されるケースも散見される。その実態は全く異なり、すべての事業の事業価値を向上させるべく、可能性のあるあらゆる手段を検討するのがPEファンドのバリューアップ手法であり、スタンスでもある（図表3-2-1）。

(2) PEファンドのバリューアップ手法：投資後の事業ポートフォリオ運営

　「投資からわずか3年間程度で収益を大幅に向上させるPEファンドのアプローチは、リストラが中心ではないのか」。これは、クライアント向けの事業ポートフォリオ研修会などで度々頂戴する質問である。なぜ、そのように短期間のうちに収益が大幅に向上するのか、という思いから生じた質問であろう。実際に筆者もPEファンドの案件に携わるまではそのような思いを抱いていた。

　PEファンドが徹底的な合理化を図るべく、コスト削減に注力するのはきわめてオーソドックスなアプローチのひとつであることは間違いない。しかしながら、PEファンドが投資先に対してまず実施するのは、成長に向けて経営者と徹

底して議論を重ね、事業ビジョンを策定すること、すなわち、何を強みとし、どのように成長するかを規定していくのである。経営者との討議を通じてデューデリジェンスに基づく戦略仮説をブラッシュアップしていくイメージである。この事業ビジョンを可視化し、早々に従業員全体と共有し、企業価値向上のベクトルを定め、モメンタムをつくっていく。筆者が携わったケースでは、「既存事業の収益向上」、「新規事業開発」、「海外市場参入」という成長志向に溢れた事業ビジョンが策定された。

　この成長戦略に基づいて実施されるのが、事業基盤の整備と原価削減活動である。投資後 1 年目の収益向上活動としてこの 2 つを実施するのがおおむねセオリーとなっている。投資先企業がカーブアウトで切り出されたようなケースでは、これまでコーポレート機能やバックオフィス機能は親会社に依存していたことも多く、まずは事業基盤を整備することが求められる。PE ファンドは、過去の膨大な支援実績から、コーポレート機能とバックオフィス機能を即座に運営するためのフレームワークやテンプレートを提供する。これらは、財務・経理、法務、IT システム、福利厚生、健康保険・年金など、企業運営に必要な機能すべてを対象としている。なお、こうした機能をスピーディーに実装するために、専門人材を積極的に活用するのも PE ファンドの特徴である。こうしたバックオフィス機能の実装には、経営管理の基盤整備を得意とするコンサルティングファームを活用したり、業界固有の規制などに留意する必要がある場合は、そうした経験を有する専門コンサルタントを招聘したりすることもある。

　次に原価削減活動であるが、こちらも過去の案件実績に基づく原価削減プログラムが適用される。ただし、PE ファンドは自分たちの方法論を活用はするものの、一方的に押し付けることはしない。原価削減は毎年継続する活動であるため、従業員が能動的に取り組む必要がある。したがって、PE ファンドは、デューデリジェンス時や投資後に入手した詳細な原価データに基づく原価構造とベンチマーク分析に基づいて原価削減領域を提示することを重視する。そうすることにより、従業員から自発的なアイデアを引き出し、具体的な削減活動につなげていく。ここでも経営管理基盤の整備と同様に、外部コンサルタントなど専門人材の起用も検討される。削減目標とする KPI、具体的な原価削減策として資機材の標準化、生産活動の自動化、そのための設備機器への投資など、きわめて具体的な活動計画に落とし込まれ、厳格な進捗管理が行われる。こうして 1 年目が終わるころには着実に成果が表れ、従業員も成果を実感することになる。

　わずか 1 年でここまで会社が変わるのか。ファンドが参画した結果として、チ

ャレンジできる機会が公平に与えられるようになったと、特に中堅・若手社員は肯定的に捉えることが多い。一方、こうした急激な変革についていけずに反発する"抵抗勢力"も存在する。筆者が常駐支援した際には、既得権益を維持すべく、「変革に際して制度変更すると甚大なリスクが生じる」といった文言を巧妙に文書に織り込む、業務外のコミュニケーションで陳情まがいの接待を受けるなど、"抵抗勢力"のなりふり構わぬ裏工作を経験したことがある。しかしながら、こうした抵抗はむしろ内部の変革を望む社員から見透かされ、一度生じたモメンタムを覆すまでには至らずに"抵抗勢力"は自ら去っていくことが多い。内情を知らない外部の人間からは、こうした社員の退職がリストラと映るかもしれないが、実態は大きく異なることは容易に理解できるであろう。

　2年目に入ると、変革活動は原価削減活動に加えて、トップラインを向上させる前向きな施策へと広がりをみせる。具体的には、「新製品・サービス開発」、「組織スキル向上」、「企業風土変革」といった分科会やプロジェクトが立ち上がる。特に、「新製品・サービス開発」は、きわめて重要な変革活動になる。投資先企業に複数の事業があったとしても、そのうちの特定事業が収益の大半を稼ぐ「一本足打法」の事業構造であるケースが多い。事業環境変化への対応やファンドExit後も見据えた成長を考えると、2つ目の中核事業の確立は投資先企業にとっては死活問題となる。

　実は、投資先企業の経営者がPEファンドに期待するのは、この次世代の中核事業の確立であることが多い。ここでもPEファンドのリソースがとても有効に機能する。経営管理基盤の整備や原価削減活動は人材リソースの提供が中心であるが、次世代事業の確立の場合は、PEファンドのほかの投資ポートフォリオカンパニーも巻き込んだスケールの大きな打ち手となる。PEファンドのほかの投資ポートフォリオカンパニーには、投資先企業からみて、調達候補となる企業、共同開発候補となる企業、顧客候補となる企業など、自社のバリューチェーンを補完あるいは強化できる企業が相当数含まれている。PEファンドは、こうした投資ポートフォリオカンパニーのリソースを最大限に活用し、投資先企業の企業価値向上に資するあらゆる措置を講じることができる。これは、事業会社に例えれば、新規事業の立ち上げに際して全事業のリソースを結集してシナジーを創出し、コングロマリット・プレミアムを実現することとほぼ同義である。さらに、先端的なPEファンドになると、自らの投資ポートフォリオを相互活用することでシナジーを創出し、ポートフォリオ全体の価値向上を図る取組みも行っている。

　Exit を見据えた 3 年目は、PE ファンドにとって総仕上げの 1 年となる。ここで PE ファンドが重視するのは、投資先企業の将来性である。独立企業として株式を上場（Initial Public Offering：IPO）することがさらなる成長につながるのか、M&A で新たなパートナーとシナジーを追求しながら成長を図るのか、市場や事業環境を踏まえ、経営者と膝詰めで協議しながら Exit の方向性を検討していく。これと並行して行われるのが人材への投資である。IPO か M&A、PE ファンドがいずれの Exit 手段をとるにせよ、投資先企業が独立した企業体として事業を継続していくことに変わりはない。したがって、企業成長の源泉である人材への投資はきわめて重要である。多くの投資先企業に見受けられるのが、人材年齢の偏在や人事制度の硬直性である。PE ファンド傘下になる以前は、グループ内で低収益事業と位置付けられていたがゆえに十分な投資がなされていない、あるいは新規採用が何年も行われていないなど、40 歳以上が大半を占めるといった人材構成になっているケースも少なくない。投資先企業が PE ファンドの Exit 後も成長するためにも、また、PE ファンドが次の買い手候補に魅力的な企業と認識してもらうためにも、こうした状況は是正する必要がある。

　PE ファンドはこうした状況も想定のうえ、組織・人事改革を重点課題として人事制度改定に取り組んでいく。具体的には、将来の人材投資として人材戦略に基づく新卒採用の再開、旧制度で実施されていた給与・賞与削減施策の取り止め、成果報酬制度や年俸制の段階的導入、といったことが挙げられる。こうした組織・人事改革のインパクトは凄まじい。硬直化していた組織が柔軟な組織へと転換し、社員自らが主体的に事業運営に関わって迅速な意思決定がなされるようになる。この改定プロセスは、分科会メンバーである現場社員の意向と人事コンサルタントによる専門的見解に基づいて策定される。組織・人事改革そのものは、制度やルールというハードを変えるものである。しかしながら、その効果はそれだけにとどまらず、派生して上司と部下のコミュニケーション頻度が上がって風通しの良い組織になる、多くの社員が挑戦に前向きとなり、チャレンジ精神が組織風土となる、といったソフトを変える側面もあることに留意すべきである。一般的な大企業が現場社員の意見をアンケートで把握することはあっても、新人事制度策定プロセスに参画させるケースはきわめて稀である。このように、現場社員を組織・人事制度改革に関与させることで主体的な事業運営につなげ、PE ファンドの Exit 後も独立企業として成長を期待できる事業基盤の構築を図っている。

　PE ファンドは、こうしたバリューアップ施策を 2〜3 年で実行する。バリュー

図表 3-2-2　PEファンドのバリューアップ手法

	アプローチ	具体的アクション
全社戦略・事業戦略	事業ポートフォリオの再構築	● 企業価値毀損事業の売却 ● 事業提携や買収の支援
	事業構造の転換	● 転換に必要な経営ノウハウ・人材の提供
	経営計画の見直し	● タスクフォースによる課題の整理 ● 特定事業／機能への経営資源の集中投下
組織・オペレーション	プロセスの改革	● 計数管理の抜本的改善 ● オペレーション改善のエキスパート派遣
	組織・人事改革	● 能力重視型の報酬制度へ切り替え ● マネジメントクラスの人材の提供
	企業風土の変革	● ワークショップを通じ、PDCAサイクルが機能する組織体への転換

出典：筆者が作成

アップ施策の結果、投資先企業は業績・組織の両面で大きな変貌を遂げる。新たな中核事業が確立しつつある中で収益構造は固定費が劇的に下がって筋肉質となり、こうした業績を支える経営資源である技術、人材、制度は刷新され、経営資源の改善が業績成長にもつながる好循環サイクルが回り出す。ここまでくると、PEファンドの役割は、投資先企業が次のステージに移行するための適切なExitを残すのみとなる（図表3-2-2）。

3. ダイベストメントリストの重要性

(1) 事業ポートフォリオの新陳代謝

　事業ポートフォリオの最適化という言辞には、事業価値を創出する事業を積み上げ、事業間シナジーを創出することのみならず、一定程度の事業価値が見込める段階でいかにして撤退候補事業を抽出するかという論点も含まれている。図表3-3-1は、上場企業による事業の買収と事業・子会社の売却件数の推移を示しているが、事業の買収が右肩上がりで増加しているのに対し、事業・子会社の売却は横ばいで推移しているのが見て取れる。これは、日本企業が事業の積み上げを順調に重ねつつある一方で、事業ポートフォリオの"新陳代謝"がこの10年

図表 3-3-1　上場企業の事業再編の推移

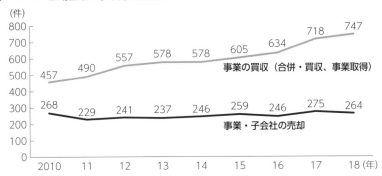

出所：経済産業省「事業再編実務指針」(2020 年 7 月 31 日)。https://www.meti.go.jp/press/2020/07/20200731003/20200731003-1.pdf

間あまり進んでいないことを示唆している。

　前著『ROIC 経営』で紹介したオムロンは、戦略的事業売却により機動的な事業ポートフォリオの組換えを実践している。**図表 3-3-2** は、同社の株価推移に事業売却した案件を当てはめたものである。2016 年にオムロンコーリンを医療機器大手のフクダ電子に売却したほか、オムロンオイルフィールド＆マリーンを油田サービス世界最大手のシュルンベルジェに売却した。2018 年にオムロンレーザーフロントを半導体モールディング装置製造の TOWA に売却し、翌 2019 年にはオムロンオートモーティブエレクトロニクスを日本電産に売却している。こうした事業売却で常に事業ポートフォリオの新陳代謝を図っており、株価も上昇に転じている。

　事業の切り出しが進まない背景・理由として、事業再編実務指針[8]では、経営者の規模拡大・安定志向、事業ポートフォリオ評価の仕組み・基準の欠如、欧米企業のような事業切り出しに関する経営者のインセンティブの未整備、独立取締役を中心とした取締役会によるガバナンス不足が挙げられているが、全くそのとおりである。中でも筆者が事業ポートフォリオ最適化の支援を通じて常に直面する課題が、本書のテーマでもある事業ポートフォリオ評価の仕組み・基準の欠如である。ROIC や投資基準といった事業ポートフォリオ評価の仕組み・基準があれば、規模拡大は必ずしも安定につながらず、むしろ資本収益性こそが重要であ

8　経済産業省は、コーポレートガバナンス・コードとの整合性を維持しつつ、企業の持続的な成長と中長期的な企業価値の向上に資するコーポレートガバナンス実践のために、2020 年 7 月 31 日に事業再編実務指針を公表した。(第 1 章参照)

図表3-3-2　オムロンの株価推移と事業売却

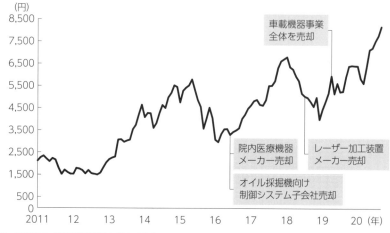

出典：SPEEDA、各種公開情報より筆者が作成

ることを経営者は理解できるだろう。また、資本収益性を重視した経営で、売却
対象事業自体にとっても事業の切り出しのメリットが大きいことが定量的に測定
され、合理的な判断として経営者を後押しするであろう。このように事業ポート
フォリオの新陳代謝を促すためには、まずは事業ポートフォリオを定量的に評価
する仕組み（ROIC）と基準（投資基準）の整備が必須である。特に、事業の切
り出し、つまり戦略的事業売却には、定期的な事業ポートフォリオのモニタリン
グと撤退検討事業を抽出する仕組みが求められる。

(2) 戦略的売却事業の判別

　戦略的事業売却のための定期的な事業ポートフォリオのモニタリングには、第
2章で解説した事業ポートフォリオの評価軸を活用する。ここで特に重要なの
は、「好調な事業でも撤退検討の俎上に載せる」ことである。売上の低下や赤字
の継続など、ROICを見るまでもなく誰の目にも不調であることが明らかな事業
の売却は、単なる事業撤退に過ぎない。戦略的事業売却は、現時点では好調な事
業であっても、将来的に各種経営指標の悪化が予想され、研究開発力、生産能
力、販売網といった自社の事業基盤ではさらなる成長が見込めない事業の売却に
関する意思決定である。つまり、競合やPEファンドなど、ベストオーナーの経
営基盤を活用し、自社ではこれ以上の成長が見込めなくなった事業の価値向上機

会を探索することを指す。

　したがって、戦略的事業売却の重要な要素は、将来を予見するというスタンスである。事業ポートフォリオ評価は、得てして容易に入手できる実績データ、すなわち、過去から現在という時間軸で実施されることが多い。過去に基づく未来の予測は、線形的・継続的に過去の傾向が将来も継続するという前提に基づいている。事業ポートフォリオ内の位置付けが今後も「カネのなる木」の成長事業や中核事業であれば、線形的・継続的な予測に立つことに問題はないかもしれない。しかしながら、戦略的事業売却の候補となる事業は、線形的・継続的な事業価値創出の蓋然性に不確実性があるため、過去実績のみに基づいた意思決定では精度を欠く。非連続な事態も想定したうえで、いかにして客観的に将来を予見するかが鍵である。

　戦略的売却事業を特定するに際しては、事業の成長性、事業の収益性、事業の安定性の3つを勘案するのが基本である。まず、事業の成長性の評価については、「過去＋将来7-10期分」と比較的長期間の売上高成長率を検討することで対象事業の中長期の成長性を測り、今後の成長余力を見極めることが望ましい。事業の成長性・成長余力の検討は、事業評価の永遠の課題である。なぜなら、事業を管掌する責任者が、将来のマイナス成長を提示するケースはきわめて稀であるからだ。また、事業計画でマイナス成長の絵を描くような事業責任者は、経営者から気概に欠ける頼りない担当者という烙印を押されかねないだろう。事業計画はプラス成長を実現するものであるべき、という暗黙の了解もあり、事業計画の策定そのものは事業当事者が行うにせよ、成長性の検討は、客観的な立場でコーポレート部門が関与することで恣意性を排除することが重要である。

　最も具体的かつオーソドックスな成長性の算定方法は、各種市場レポートの市場予測をできる限り収集し、その市場予測成長率の平均値・中央値を採用する、というものである。この方法であれば誰が算定しても結果は変わらないため、客観性が担保される。この市場予測成長率がこれまでの成長率と乖離していれば、当該事業は戦略的売却候補となる。詳細に分析する場合は、この市場成長率を基に過去の同一期間における競合と対象事業の実績成長率を比較し、その差異の大きさから戦略的売却事業に該当するか否かを判断する。

　次に、事業の収益性については、事業計画をベースとして将来5-7期分のROICを活用する。こうすることにより、将来費用とCAPEX（資本的支出）が反映されるため、投資効率を判断することができる。ROIC水準がどの程度低下するか、また、WACCを割り込む時期がいつ頃か、といったパラメータが戦略

的売却事業に該当するか否かの判断基準となる。ここでも客観性の担保が必要であることはいうまでもない。

　ROIC は、リターンを一定と仮定すれば、構造上は投資を抑制すれば上昇するため、将来事業計画に適切な投資が反映されているか否かを確認しておく必要がある。事業の継続を望む立場の者が事業計画に関与すると、どうしても"手心"が加わり、本来必要な投資が抑制されて将来 ROIC に恣意性が介入する可能性があるため、事業の成長性の箇所でも述べたとおり、事業計画を客観的に評価するコーポレート部門や外部アドバイザーが関与する仕組みを設けておくとよい。

　最後に事業の安定性である。「事業の安定性とは具体的にどういうことなのでしょうか?」。筆者が事業ポートフォリオ評価を支援する際にしばしば頂戴する質問である。事業は、その特性に応じて市況型と障壁型に大別することができる。前者はその名のとおり、調達物・原材料・販売価格の相場に影響を受けやすい事業形態を指す。不動産、トレーディング、海運といった事業が代表例であり、総じて価格決定を主導しづらく、ROIC の構成要素のうち、相対的に資産回転率の影響を受けやすい。反対に、後者は、主体的に参入障壁の構築が図りやすい事業形態を指す。メーカー、インフラ、IT のように、経営資源に技術・知財、情報、大規模施設を要する業態が代表例であり、経営資源に希少性があれば価格決定を主導することができ、ROIC の構成要素のうち、相対的に収益性の影響を受けやすい。

　事業ポートフォリオの構造が市況型の場合には、相場の読みが当たれば高収益、外せば低収益と、事業収益のボラティリティ(振れ幅)は得てして高くなりがちである。すなわち、こうした事業構造の下では、持続的に収益を生み出すのは難しい。したがって、事業価値を安定的に創出する事業ポートフォリオへと転換するためには、ボラティリティの高い事業を戦略的売却事業として位置付けるのも一案である。あるいは、相応の規模をもった事業を分散させることでリスクを平準化するのも一案である。例えば、デンマークの海運大手マースクは実に130 か国に拠点を抱え、徹底的に事業規模を追求して事業分散を図り、事業ボラティリティをむしろ成長要因として活用している。しかしながら、業界 No.1-2 の規模が取れない場合には、市況型事業を抱え続けるリスクに鑑みれば戦略的事業売却が有効なオプションとなり得る。

　安定性の判断指標としては、平均値からの振れ幅の大きさを表す標準偏差が有用である。具体的には、中長期の事業部別売上高や損益実績の標準偏差、または市場規模の標準偏差が挙げられる。こうした標準偏差によって対象事業の業績の

振れ幅を把握し、各事業の業績がどの程度変動するかという不確実性、すなわち「リスク」を定量化することができる。また、DXの潮流もあり、最近では、これまでのモノを売って対価を得る伝統的な収益モデルから、一定金額でサービスを経常的に提供するリカーリングやサブスクリプションと呼ばれる新たな報酬形態に収益モデルが変化を見せていることもあり、安定性の判断指標として売上高に占めるストック型収益の割合を採用するケースも増えている。具体的には、安定性の高いストック型収益（例：メンテナンス収益）と、相対的に安定性の低いフロー型収益（例：機器販売収益）の比率を算定するといったことが挙げられる。

　最後に、定性基準についても触れておく。定性基準で留意すべきは、会社のビジョンとの整合性、中核事業とのシナジー、ESG等のリスクの3点である。会社のビジョンとの整合性については異論がないだろう。自社が目指す方向性と異なる事業を保有しておく意義は薄く、ベストオーナーたる株主・企業の下で再成長を図ることが望まれる。中核事業とのシナジーであるが、事業間シナジーが見込めない事業はコングロマリット・プレミアムが実現せず、むしろコングロマリット・ディスカウントとなる可能性をはらんでいることから、こうした事業も戦略的売却事業の候補となる。実際の現場では、逆に根拠の不明瞭な事業シナジーを取り上げて戦略的売却事業から外そうとする動きもしばしばみられる。定性的基準は、あくまでも定量的基準の捕足に過ぎないと位置付け、戦略的売却事業の選定は、定量的基準で判断すべきであろう。このほか、最近の基準で注目を浴びているのが、第2章でも解説したとおりESG等のリスク要因が内在する事業である（図表3-3-3）。

(3) ダイベストメントリストの作成方法

　事業売却に関わる諸々の取組みや課題を、M&Aの世界ではセパレーションイシューと呼ぶが、その「一丁目一番地」がダイベストメントリスト、つまり、事業譲渡候補先リストの作成である。しかしながら、事業売却に際してダイベストメントリストが能動的に作成されているケースは少なく、大半が投資銀行等にリストの作成を依頼するといった受動的アプローチが採られているのが実際のところであろう。投資銀行はM&Aのプロフェッショナルとして最も高値で売却候補事業を評価してくれる買い手候補をリストアップするが、事業に精通しているわけではないため、その先の成長までを見据えてリストアップしているかというと、さすがに限界があるのではないか。能動的なダイベストメントリストの作成

図表 3-3-3　戦略的売却事業の判断基準

定量基準	事業の成長性	●過去＋将来7-10期分の売上高成長率	定性基準	会社のビジョンとの整合性	●当該事業から撤退して、会社の目指す姿が実現できるか
	事業の競争力・収益性	●過去＋将来5-7期のROIC ●過去＋将来5-7期のEBITDA		主力事業等とのシナジー	●当該事業の技術等の喪失により、主力事業を中心とした、その他事業に影響がないか
	事業の安定性	●事業部業績の標準偏差 ●売上高に占めるストック型収益の割合		ESG等のリスク	●環境・社会・ガバナンス等に関するリスク要因がある事業か否か

出典：筆者が作成

は、あらかじめ買い手候補企業をリストアップすることで売却実行までのリードタイムを短縮するだけでなく、スタンドアロンバリューとシナジーを最大化できる可能性のある買い手候補を選定し、機動的なPXを実現するためにも必須であろう。何よりこれまでグループに貢献してくれた事業を気持ちよく送り出す、といった意味でも、ダイベストメントリストの作成には能動的に取り組んで然るべきだ。

　ダイベストメントリストの作成に際して重要な点は、売却価格と売却可能性の2点である。これは、対象事業の円滑な譲渡可能性とも言い換えることができる。

　まず、売却価格については、当然最高値で売却できる先が候補となる。高値で売却できることは、買い手候補側からみれば対象事業の成長性が見込めることの裏返しである。ただし、売却を検討する立場からみる事業成長性は、単に当該事業の単体価値、すなわちスタンドアロンバリューだけをみればいいとは限らない。すでに、自社の事業ドメインにおける成長性に限界が予見されているがゆえに売却候補になっていることから、既存の業界だけでなく事業の拡張可能性が見込まれる市場まで捉えて買い手候補を探索する必要がある。つまり、スタンドアロンバリューは、顕在的なもの以上に潜在的なものにも着目することが重要となる。

　潜在的なスタンドアロンバリューまで含めて検討するために、事業ドメインを俯瞰的に捉え、買い手候補が得られるメリットを精査する。図表3-3-4は、買い手候補が享受できるメリットを精査するうえで必要な観点を体系化したものである。まずは、業界内での垂直統合の有用性である。これは、売却候補事業の川上・川下と統合した際に、買い手候補が得られるメリットを分析する。具体的には、川上であれば調達機能を取り込むことで調達リードタイムの短縮や調達先の

図表3-3-4 ダイベストメントリスト先の買収メリット

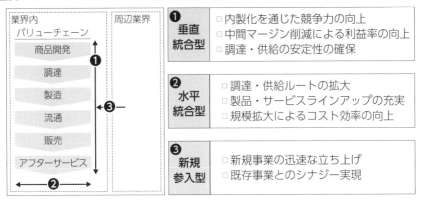

出典：筆者が作成

集約に管理コストの削減、川下であればアフターサービスを内製化することで顧客接点から得られる情報に基づく品質管理への反映や新たな顧客ニーズの研究開発への還元を通じた競争力の向上、といったことが挙げられる。次に、業界内での水平統合の有用性である。水平統合であるため、バリューチェーン全体に及ぶメリットを分析する。例えば、統合による調達・供給ルートの規模拡大に伴うボリュームディスカウント、製品・サービスラインアップ充実に伴うクロスセルを通じた収益拡大、要素技術や特許の融合による製品やオペレーションのイノベーションなどが挙げられる。

　業界内における精査であれば、さほど苦労せずにスムーズに実施できることが多い。難しいのは、最後の周辺業界の精査である。周辺業界は、売却候補事業にとって新規参入に該当することから、事業の勘所がなく、精査も難しい。したがって、周辺業界の精査に当たっては、シナジーの可能性からアプローチするのが有効である。その際には、周辺業界の顧客ニーズがどのように拡張しようとしているかを捉える、という視点が有用である。これにより、周辺業界の既存プレイヤーの悩みがうかがえ、そこに売却候補事業のケイパビリティがどのように活かせるかを見出すことができる。筆者が支援したケースでは、顧客ニーズは、商品・製品といったモノから始まり、次にモノの持つ機能、そしてメンテナンス等のサービスへと拡張する傾向があると分析した。この分析にもとづいて、売却候補事業のバリューチェーンの川下に該当するサービス領域が周辺業界のサービスに関連する可能性があれば、こうした周辺業界の川下領域に属する企業群もダイ

ベストメントリストに加えても差し支えないと結論付けた。こうした売却価格を念頭に置いた買い手候補の業界分析により、ダイベストメントリストのファーストドラフトが出来上がる。

　スタンドアロンバリューの潜在性を見込み、発揮していくためには、対象事業の成長を牽引できる買い手候補の業界特性に加え、買い手候補のマネジメントスタイルも重要である。これを精査するのが、もう1点の売却可能性である。はじめに精査すべきことは、買い手候補の投資方針である。具体的には、M&Aに対して前向きな方針を示しているか、対象事業領域においてM&Aの実行を明言しているか、といったことが確認できるとよい。投資方針については、特に日本の上場企業は、成長・新規事業領域や投資予算などを中期経営計画等で詳細に開示していることが多い。こうした情報を参照することで売却可能性を判断することができる。ただし、海外企業は、日本企業と異なり中期経営計画を公表しているケースはきわめて稀であるため、決算説明以外のカンファレンス資料や四半期ごとのカンファレンスコールの議事録を参照するとよいであろう。

　これと合わせて、売却先候補企業の事業規模と投資余力を確認する。中期経営計画やIR等でM&Aの投資予算が提示されていたとしても、実際の財務状況が伴っていなければ売却可能性は低下してしまう。売却先候補企業の財務状況を把握することにより、M&Aの実行能力を確認する。本章の目的はダイベストメントリストの作成方法の解説にあるため、財務分析の詳細は専門書の解説に譲るが、借入余力も含んだ財務状況で投資余力を見ることでダイベストメントリストの候補企業を広範にすることができる。

第 4 章

事業ポートフォリオ
評価と
投資余力の把握

1. 財務フレームワークと投資余力の把握

　事業ポートフォリオを評価する目的は、企業価値が最大になる事業構成を実現するためにいかにして経営資源を最適配分するか、この命題に資する事業の組換えにつなげていくことにある。

　経営資源に限りがあるのはいうまでもない。経営資源で最も重要なのはキャッシュである。キャッシュがなければ、投資対象が設備か、投資有価証券か、人的資本かにかかわらず、そもそも投資を実行することができない。また、特に上場企業であれば、株主に対するキャッシュのペイアウト（配当・自社株買い）についても念頭に置いておく必要がある。

　長年にわたって PL 偏重の経営を行ってきた日本企業の多くは、キャッシュやキャッシュフローに対する意識がいまだ希薄である。PL 偏重の経営を脱するために ROIC を採用する企業が増加してはいるものの、ROIC はあくまでも会計上のリターンをベースとしており、必ずしもキャッシュの創出をベースにした指標ではない。仮に ROIC が高まったとしても、それに見合うだけのキャッシュが創出されない限り本質的に企業価値は高まらない。資本コストを上回るリターンは、キャッシュベースで見た「キャッシュリターン」を意識することがきわめて重要である。

　また、投資や株主に対するキャッシュアウトは、最適資本構成に基づく Debt Capacity と営業キャッシュフローが制約条件になることを意識していない企業も多い。特に、事業部門にこの意識が希薄なケースが多く、投資のためのキャッシュは無尽蔵にある、もしくは、本社が何とかするであろう／すべきであろうと決めつけた意見も散見される。実際には、企業は自社の財務健全性を維持できる範囲内でしか資金調達はできないし、営業キャッシュフローが創出されないことにはそもそも投資の原資が確保されない。日本企業においては、最適資本構成に関する方針が欠如していたり、前述のキャッシュリターンに対する意識が希薄であったりすることから、経営資源として投資に振り向けることができるキャッシュの総量、すなわち投資余力が正確に把握されていないことも多い。

　キャッシュの使途は、株主や投資家にとって最大の関心事でもある。その使途に関する方針が欠如していたことが、株主提案をはじめ株主還元を求める投資家からの圧力につながったり、企業価値が割安評価されたりする要因にもなってきた。株主・投資家から適切な評価を得るためにも、事業戦略に合わせてどのようにキャッシュを使っていくのか、投資と株主還元のバランスをどう考えるのか、

図表4-1-1　財務フレームワークの全体像

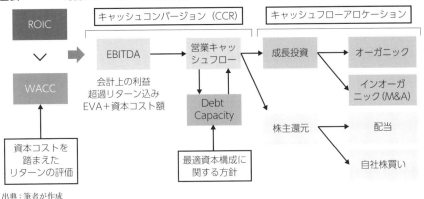

出典：筆者が作成

その方針を示すことはきわめて重要である。

　こうした課題に向けて、日本企業には、「財務フレームワーク」に基づいた投資余力の確保とキャッシュの配分に関する方針の策定が求められる。「財務フレームワーク」とは、①資本コストを上回るリターン（ROIC＞WACC）と利益の「質」の確保＝キャッシュフローへの転換（キャッシュコンバージョン）、②最適資本構成に基づくDebt Capacity、③事業を通じて創出された営業キャッシュフローとDebt Capacityのアロケーションの方針、を一体的に捉える筆者が考案した財務戦略の枠組みである。この「財務フレームワーク」を事業ポートフォリオの評価と連動させることにより、財務の観点から事業ポートフォリオの組換えを適切に支える仕組みを構築する（図表4-1-1）。

　以下で、「財務フレームワーク」の構成要素について説明する。

(1) 資本コストを上回るリターンと利益の「質」の確保

　企業価値向上は、ROICが資本コスト（WACC）を持続的に上回ることによって達成される。一方で、ROICは会計上の利益をベースとしている。日本企業が海外市場に成長を求める中で持分法投資が増加していることもあり、ROICを以下の算式で評価するケースも増えてきている。

$$\text{ROIC} = \frac{\text{NOPLAT} + \text{持分法投資損益}}{\text{投下資本}}$$

＊NOPLAT（Net Operating Profit Less Adjusted Tax）

　　みなし税引き後営業利益。算出式は営業利益×（1－実効税率）。

　NOPAT（Net Operating Profit After Tax）

　　税引き後営業利益。営業利益－税金費用で算出。

　日本企業においては実務上NOPLATとNOPATの厳密な差異は設けず、一律に営業利益×（1－実効税率）としてNOPATを算出するケースが多い。

　財務的な観点からみた企業価値は、DCF法で表されるフリーキャッシュフローの割引現在価値がベースとなる。その前提に立てば、企業価値向上のためには会計上の利益を積み上げるだけでは不十分であり、フリーキャッシュフローの創出力を高めなければならない。持分法投資損益はあくまでも会計上の利益であり、また、投資先から配当を受け取ることができるケースも決して多くはない現状に鑑みれば、持分法投資はフリーキャッシュフローの創出にすぐには寄与しない。このようなケースでは、ROICがどれだけ高まったとしても、それに見合うだけのキャッシュは創出されず、本質的な企業価値は向上しない。つまり、企業価値向上のための資本コストを上回るリターンは、キャッシュベースでみたリターン、「キャッシュリターン」をもって評価することがきわめて重要なのである。

　キャッシュリターンを評価するうえでは、利益の「質」を確保することが重要である。利益の「質」とは、稼得した利益が実際にキャッシュフローに転換される割合を指し、具体的な指標としてCCR（Cash Conversion Ratio）が活用される。CCRは、Non-GAAP指標（「一般に公正妥当と認められる企業会計の基準」で特定、定義、または決定されたもの以外の財務指標）であり、その定義は企業によって異なる。図表4-1-2は、その算定方法のパターンであるが、実務で利用頻度が高いのは、パターン①「FCF／当期純利益」と④「営業CF／EBITDA」である。

　CCR 100％は、利益とキャッシュフローが一致している、つまり、利益がすべてキャッシュフローに転換されていることを意味している。逆に、CCRが低いことは、利益が上がってもキャッシュフローは上がっていないことを意味している。

　CCRの活用に当たっては、以下の特徴と留意点がある。

図表4-1-2　CCR の算出式 ―パターン

【パターン①】	【パターン②】	【パターン③】	【パターン④】
$\dfrac{\text{FCF}}{\text{当期純利益}}$	$\dfrac{\text{Unlevered CF*}}{\text{当期純利益}}$	$\dfrac{\text{営業CF}}{\text{当期純利益}}$	$\dfrac{\text{営業CF}}{\text{EBITDA}}$

【パターン①】
- 投資後（費用計上後）の利益は投資後のCFに一致するという考え方。
- FCFは減損等、非キャッシュ項目を調整しているのに対して、当期純利益は減損等の費用計上後。

【パターン②】
- 当期純利益は投資に充当可能とみなし、営業CFと一致するという考え方。
- 営業CFは非キャッシュ項目を調整しているのに対して、当期純利益は減損等の費用計上後。

【パターン③】
- EBITDAは疑似CFであり、営業CFに近似するという考え方。
- EBITDAは税引き前であるのに対して営業CFは税引き後。

* Unlevered CF：EBIT×（1−税率）＋減価償却費−設備投資±運転資本増減

出典：筆者が作成

　1点目は、CCR がキャッシュフローと利益各々の増減を常にセットで考えるべき指標ということである。キャッシュインを伴わない利益増は CCR の悪化、キャッシュアウトを伴わない利益減は CCR の改善をもたらす。キャッシュフローに重点を置くのであれば、キャッシュアウトを伴わない利益減は「良い CCR 改善」、利益に重点を置くのであれば「悪い CCR 改善」となる。

　2点目は、CCR は短期ではなく、長期で見るべき指標という点である。キャッシュフローと利益は、ノンキャッシュの損益の存在や税金の負債認識と支出時期のずれなどに代表されるように、単年度でみるとさまざまな要因で乖離する。したがって、CCR は短期間の上昇や下落を分析するのには適さず、長期的視点でその趨勢や改善傾向を把握するのに適した指標といえるのである。

　3点目は、CCR は投資過多を見極める有効な指標という点である。CCR の算出式として、パターン①「FCF／当期純利益」を使用する場合、主たるキャッシュアウトフローは、設備投資や M&A である。減価償却費を大幅に超える設備投資を実施すれば、CCR は低下する。この傾向が数年にわたって続く場合には、投資過多になっている可能性がある。

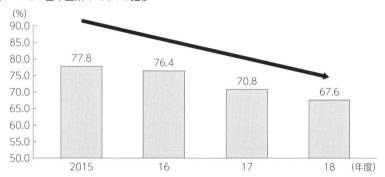

図表4-1-3　日本企業の CCR の推移

(%)

- 77.8 (2015)
- 76.4 (16)
- 70.8 (17)
- 67.6 (18) (年度)

出典：筆者が作成
　時価総額1,000億円以上の企業（金融を除く。2019年9月時点）を対象に SPEEDA のデータに基づき筆者が集計。
　CCR は営業キャッシュフロー÷（営業利益＋減価償却費＋持分法投資損益）にて算出（パターン④）。

　日本企業は、持分法投資の増加等もあって、投資の成果をすぐにキャッシュとして回収できていない企業も増えている。つまり、会計上の利益は上がっても、CCR は低下し、利益の「質」が低下している企業が徐々に増えつつあるのが実態である。2015年度以降、東証1部上場企業（時価総額1,000億円以上）のCCRは、徐々に低下傾向を示している（**図表4-1-3**）。

　営業キャッシュフローの確保は投資と株主還元の主たる原資にもなるため、きわめて重要である。海外の大手企業の中には投資家向けのガイダンスとしてCCR を開示し、その水準を100％程度にコントロールする方針を明示している企業もある一方で、CCR を指標として使用している日本企業は極めて稀である。日本企業は、利益の「質」に対する意識を高める必要があるであろう。

(2) 最適資本構成

　企業価値を向上させるためには、稼いだ利益≒営業キャッシュフローを成長投資や株主還元に振り向けていく必要がある。ここで重要なのが、最適資本構成とキャッシュフローアロケーションの方針である。

　最適資本構成は、事業リスクに見合う Debt（有利子負債）と Equity（自己資本）の構成比であり、自己資本のあるべき水準や Debt Capacity（有利子負債の最大調達額）も最適資本構成の方針によって決まる。成長戦略をバランスシートでどのように支えるか、また、過度な成長投資を財務の観点からどのように規律付けるかは、最適資本構成の方針が拠り所となる。

　最適資本構成の方針を定める手法には、自社の格付、事業リスク、投資家の期待収益率という観点から導き出す3つのアプローチが存在する。最適資本構成を求める具体的なアプローチは、前著『ROIC経営』で詳述しており、本書ではこれ以上掘り下げることはしないが、この3つのアプローチを総合的に勘案し、バランスを取ることが重要である。

　最適資本構成からみた投資余力という観点では、以下の点を意識しなければならない。

　まず、投資の原資となるのは営業キャッシュフローとDebt Capacityであるが、Debt Capacityは最適資本構成の方針で定めるD/Eレシオによって決まる。最適資本構成の枠を超えて有利子負債を調達することもできないわけではないが、一般的に格付が悪化するほどDebt Capacityは拡大する半面、金利負担も重くなる。通常は、投資適格が維持されるように格付をコントロールするが、そのためにも最適資本構成の方針は不可欠である。

　次に、投資やビジネスにはらむリスクは自己資本で支える必要がある、ということである。事業リスクは資産の性質によって異なる。例えば、事業リスクアプローチでは、現預金は0%、のれんは100%といったように、資産の中身によって異なるリスク率が適用される。のれんのリスク率が100%なのは、投資の失敗、つまり、のれんの減損損失は、発生可能性等も踏まえてそのすべてを自己資本で吸収しなければならないことを意味している。

　裏を返せば、企業が取り得る事業リスクは、自己資本で吸収可能な範囲ともいえ、最適資本構成の観点から、自己資本＞事業リスクの関係が維持されなければならない。なお、事業リスクを超過する自己資本部分は、エクイティバッファーと呼ばれる。

　図表4-1-4は、最適資本構成と投資余力の関係を図に表したものである。

　これらを踏まえると、以下のことがいえる。

- 調達余力はDebt Capacityによって決まる
- 投資の原資は営業キャッシュフロー＋Debt Capacityとなる
- 投資余力はエクイティバッファーが投資によって加算される事業リスクを吸収できる範囲である

　事業ポートフォリオの組換えやビジネスモデルのトランスフォーメーションを図っていくためには、多額の投資が必要となる。それを財務で支えるに際しての指針となるのが最適資本構成である。

図表4-1-4　最適資本構成と投資余力

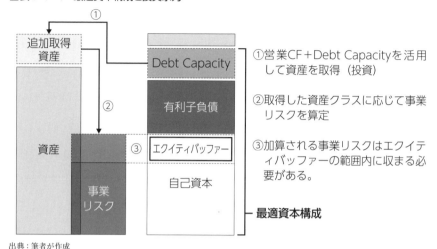

①営業CF＋Debt Capacityを活用して資産を取得（投資）

②取得した資産クラスに応じて事業リスクを算定

③加算される事業リスクはエクイティバッファーの範囲内に収まる必要がある。

出典：筆者が作成

(3) キャッシュフローアロケーションに関する方針

　キャッシュフローアロケーションとは、「営業キャッシュフロー＋Debt Capacity」を原資として、成長投資や株主還元に配分する方針を指す。成長投資と株主還元は、「営業キャッシュフロー＋Debt Capacity」の範囲内でのみ配分が可能ということもできる。この配分を、キャッシュフローアロケーション（またはキャピタルアロケーション）と呼ぶ。

　事業ポートフォリオ評価やその組換えの観点からいえば、ノンコア事業の売却によるキャッシュインもアロケーションの原資となり得る。キャッシュインを確実にするためには、事業ポートフォリオの評価プロセスを定期的に回し、対象事業が旬なうちにノンコア事業を特定して適時適切な売却を実現することが望まれる。ノンコア事業の売却は、そのイベントだけを見れば一過性かつ非経常的取引であるが、経営資源のコア事業への集中によって営業キャッシュフローやDebt Capacityの拡大にもつながる可能性もある（図表4-1-5）。

　企業は、これらの原資を成長投資や株主還元等にアロケーションする際の優先順位を決める必要があるが、このアロケーションの方針は、企業価値向上に向けた資金使途に関する企業の意思を表す。

　キャッシュフローアロケーションは事業戦略によって異なる部分もあるが、成長投資と株主還元のバランスをどのように考えるかが重要である。一般論として

図表4-1-5　キャッシュフローアロケーションの原資

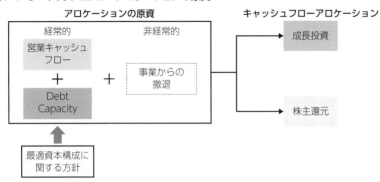

出典：筆者が作成

は、資本コストを上回るリターンを継続的に稼得することが可能であれば、キャッシュフローアロケーションとしては成長投資を優先した方がよいということになる。成長投資は、さらにオーガニックとインオーガニックに分類されるが、後者の投資は、戦略投資と呼ばれることもある。戦略投資は、リスクが高いうえに発生時期も不確定な場合が多いため、オーガニックな成長投資とは分けて考えるのが一般的である（図表4-1-6）。

　株主還元に振り向けられる総額は成長投資の額によって左右され、両者はトレードオフの関係にある。成長投資を加速する局面では、当然のことながら株主還元に振り向けられる金額は少なくなる。多くの日本企業は配当性向等を意識して配当政策が横並びになっていると指摘されることも多いが、本質的には、キャッシュフローアロケーションに関する方針がないがゆえに、「配分可能なキャッシュフロー」という観点から株主還元を捉えることができていないのが一因であろう。

　株主のセンチメントとして、減配を嫌う傾向が強いこと、また、企業としても減配は業績悪化を示唆する等、マイナスのシグナリング効果を市場に及ぼす可能性があることから、欧米では、配当性向ではなくDPS（一株当たり配当額）の成長を重視する企業が増えている。DPSを重視する意義のひとつには、毎期の増配で株主に報いることのほか、配当によるキャッシュアウトをコントロールするという意味合いもある。配当は、株主に対するコミットの強さという性質とも相まって、確実にキャッシュアウトする。配当性向をKPIとすると、利益の増加と連動してキャッシュの流出も増加するが、DPSであればキャッシュアウト

図表4-1-6　キャッシュフローアロケーション

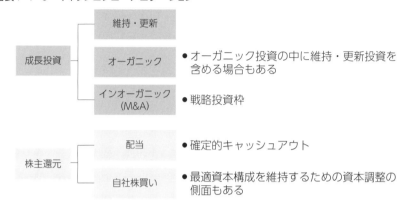

出典：筆者が作成

の額をコントロールすることができる。配当と並んで株主還元の手法のひとつである自社株買いは、キャッシュアウトを企業側の意思でコントロールしやすい。自社株買いの実施時期もさることながら、買い付けそれ自体を時間分散することも可能である。自社株買いは、キャッシュフローアロケーション上の余力を活用しながら実施するだけでなく、最適資本構成を実現するという側面からアプローチする視点も肝要である。

　成熟企業の場合、キャッシュフローアロケーションの優先順位は、①オーガニックな成長投資、②配当、③インオーガニックな成長投資、④自社株買い、となるのが一般的である。③インオーガニックな成長投資は不確定要素が強く、実行されない場合もしばしばある。その場合、アロケーションの方針に基づくと④自社株買いを実施することになるが、それには最適資本構成を維持するための資本調整の側面もある。一方で、新興企業やライフサイクル上、成長ステージにある企業の場合、キャッシュフローアロケーションは、①オーガニックな成長投資、②インオーガニックな成長投資、③配当、④自社株買い、となり、③と④は実施しないケースも考えられる。こうした企業は、将来の成長投資に備えて資本を蓄積しておく必要があるためである（**図表4-1-7**）。

　ここで、戦略投資枠についても触れておきたい。日本企業が公表する中期経営計画では、「戦略投資枠として〇〇〇億円を設定する」という方針が打ち出されることがある。これは、上記でいうところのインオーガニックな投資枠としてM&Aを想定したものである。

図表4-1-7　キャッシュフローアロケーションの例

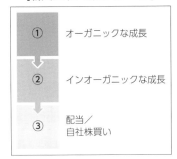

出典：筆者が作成

　この戦略投資枠の設定が、実は投資家の間ではきわめて評判が悪い。それは、戦略投資枠が未消化のまま中期経営計画期間を終えるケースが多いためである。未消化に終わる理由としては、M&Aという性質上、中期経営計画期間内に検討に値する案件が発生しなかったというものが多いが、そもそも投資枠それ自体が過大であったために使いきれなかったというケースもある。ただし、問題の本質は、戦略投資枠が消化されずに終わったという事実というよりも、そのようになった場合のキャッシュフローの使途が明確に説明されていない点にある。上述のとおり、成熟企業の一般的な考え方として、インオーガニックな成長投資は、キャッシュフローアロケーションの優先度という観点からは劣後するケースが多いと想定される。このような企業において、戦略投資枠が消化されなった部分については、本来はアロケーション方針にしたがって自社株買いに充てることが必要、となる（図表4-1-8）。

　稼得したキャッシュの使途は、株主や投資家にとって一大関心事である。キャッシュフローアロケーションは、投資や株主還元に関する規律付けだけでなく、株主／投資家への説明責任を果たすためにも必要不可欠である。

　このように、事業ポートフォリオ評価の前提として、「財務フレームワーク」に基づいて連結グループ全体で3年～5年の中期経営計画の期間内で配分可能な原資総額を把握し、投資と株主還元に関する配分方針を規定する必要がある。その中で事業ポートフォリオの組換えに向けた投資余力を把握することができるのである。

図表4-1-8　戦略投資枠と自社株買い

中期経営計画公表時点

3年間で戦略投資枠を3,000億円設定

中期経営計画終了時点

戦略投資枠は一部のみ消化
⇒当初ガイダンスと異なり低評価

- 戦略投資枠を公表する企業の多くは、戦略投資枠を使用しなかった場合の使途について方針が不在であったり、説明が不足していたりするケースが多い。

- キャッシュフローアロケーションの方針が実質的に不在
- キャッシュフローアロケーションの方針が
　①オーガニックな成長
　②配当
　③インオーガニックな成長／自社株買い
となっているのであれば、戦略投資枠の未消化部分については自社株買いに充てる必要がある。

出典：筆者が作成

2. 事業別投資枠の設定

　「財務フレームワーク」を基にグループ全体の投資余力が定まったのちに、事業ごとの投資枠を設定する。

　その際にまず重要なのが、事業ポートフォリオにおいて各事業をどのように位置付けるかである。事業ポートフォリオの評価方法は第2章で取り上げたが、事業性評価、財務評価、ESG評価などを組み合わせ、まずは自社が抱える事業の位置付けを決定する。事業の位置付けは、一時点を切り取るだけではなく、時間軸の視点も入れて評価すべきという点についてはすでに述べたとおりである。

　事業の位置付けに応じて投資枠を設定するうえでは、(1) 領域に応じた投資プロファイル、(2) BS計画・BS予算の概念を導入する。

(1) 領域に応じた投資プロファイル

　使用する事業ポートフォリオの評価軸にもよるが、事業ポートフォリオを4つの象限に分類したうえで事業をマッピングするのが最もオーソドックスな手法で

図表4-2-1　領域に応じた投資プロファイル

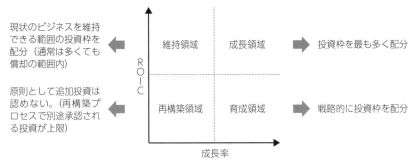

出典：筆者が作成

ある。各象限にはそれぞれ意味合いがあり、投資枠に関する方針もその象限の意味合いに沿って作成するのがこの手法である。

　図表4-2-1は、縦軸をROIC、横軸を成長率とし、事業ポートフォリオを「成長」、「育成」、「維持」、「再構築」の4領域に分類して評価がなされている事例である。（上述のとおり、事業ポートフォリオは多面的に評価する必要があるが、すでにそれがなされた結果としてこの評価方法を使用する結論に至ったことを前提として以下の議論を展開する）

　「成長領域」は、評価軸が示すとおり、高ROICかつ高成長の事業がプロットされる領域であることから、この領域への投資が最も企業価値向上に資する。したがって、この領域には優先的に投資枠が割り当てられるべきという判断が成り立つ。

　「育成領域」は、ROICこそ低いものの成長率は高く、今後の成長につれてROICの向上を図っていく事業がプロットされる領域である。この領域の事業は、将来の中核事業として成長が期待されている事業も含まれていると想定されることから、戦略的に投資を実施していく必要がある。前述のキャッシュフローアロケーションでいえば、戦略投資（インオーガニック成長投資）枠の多くがこの領域の事業に割り当てられる可能性が高い。

　「維持領域」は、現状維持が求められる事業がプロットされる領域である。成長率は低位であるが、キャッシュフローを創出しており、かつ大きな投資を必要としないのが通常である。投資枠は、更新投資の枠内、多くとも減価償却費の範囲内に収めることが求められる。

105

「再構築領域」は、すでに企業価値を毀損しており、追加投資による拡大という選択肢が原則としては認められない事業がプロットされる領域である。この象限に位置付けられる事業は、本社管理のもとで再構築プロセスに入っていることが想定され、そのプロセスの中で必要な投資が別途検討されることが多い。追加投資しないことを基本に、再構築プロセスの中で別途承認されたものを上限として投資枠が配分される。

　この投資プロファイルによる方法は、領域別投資枠の考え方の決定には適しているが、投資枠それ自体の決定には適していない。領域によって事業の規模や数も異なるうえに、個々の事業の投資戦略も異なるためである。個々の事業の投資枠は、この領域別投資枠の考え方を念頭に、BS 計画・BS 予算を厳密に定めたうえで設定する必要がある。

(2) BS 計画・BS 予算

　BS 計画・BS 予算は、PL のそれと同様に、中期経営計画や事業計画における BS の姿を計画や予算に落とし込むものである[9]。ROIC を事業ポートフォリオの評価軸のひとつとして使用する以上、BS の視点を外すことはできない。事業ポートフォリオの将来像を描くに当たり、事業ごとに求める ROIC 水準も当然異なる。事業ごとの投資枠は、この求める ROIC 水準も踏まえて厳密に設定する。

　そこで重要なのが BS 計画や BS 予算の設定である。しかしながら、ROIC 目標と PL 予算はあっても BS 計画や BS 予算が未設定という企業は多い。また、そうした企業では、設備投資等の投資計画が ROIC 目標や PL 予算とは切り離されて検討がなされているケースもままみられる。つまり、多くの企業は、ROIC 目標の達成を PL 予算の達成をもって実現しようとしており、必要な投資計画が厳密に BS 計画や予算に織り込まれているわけではないのである。

　事業ポートフォリオの評価プロセスと ROIC 目標の達成は、いわばセットで捉えて一体で運用することが求められる。長期計画や中期経営計画において目指すべき事業ポートフォリオの姿を描き、その中で各事業のリスクに応じた ROIC 目標を設定する。その過程で、BS の姿がどのように変わるのかも併せて見る。その BS の姿は、中期経営計画期間中は BS 計画として本社と事業部門が認識を共有するとともに、年度ごとの事業計画においては PL と同様に BS についても予

9　ここでいう「計画」は、中期経営計画のように対外的に公表する必達目標、「予算」は、内部で設定する必達目標と定義している。

算化するといった厳密な運用が望まれる。

　BSの計画立案・BSの予算化の最大の意義は、各事業部門が自らのBSについて説明責任を果たす、ということである。業態によって差異はあるが、BSの主要項目は運転資本と固定資産である。このうち、BSの絶対額に大きく影響するのは設備投資と事業投資である。事業部門として、いつ、どれだけ、何に対して投資するのかを計画や予算に厳密に落とし込んでいくことでBSに対する説明責任を果たし、PL計画や予算と合わせてROIC目標を達成することが求められる。

① BS 計画・予算の策定方法

　事業別の投資枠という観点で見れば、BS計画やBS予算で設定されている投資予定額が投資枠に相当する。事業ポートフォリオ評価で描かれた姿に向けて各事業の必要投資額が投資枠となって計画あるいは予算上に設定される。

　BS計画・BS予算といった場合には、固定資産のみならず、運転資本項目も精査が求められる。一例として、図表4-2-2にBS計画・BS予算の具体的な策定方法を示す。

　運転資本は、PL計画に基づいて売掛金・在庫・買掛金のそれぞれに所与の回転率／回転期間を適用して算出するのが基本である。ただし、これは運転資本の回転率／回転期間に課題がない場合にのみ適用可能である。事業によっては売掛金の回収が遅い、在庫の滞留期間が長い等、運転資本項目に関して個々に課題を抱えているために、CCC（キャッシュコンバージョンサイクル）を短期化する等、別途改善計画に取り組んでいるケースがある。こうした場合には、改善施策とBS計画・BS予算が整合していることを確認しなければならない。

図表4-2-2　BS 予算の策定方法

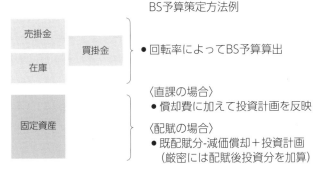

BS予算策定方法例

- 回転率によってBS予算算出

〈直課の場合〉
- 償却費に加えて投資計画を反映

〈配賦の場合〉
- 既配賦分-減価償却＋投資計画
（厳密には配賦後投資分を加算）

出典：筆者が作成

固定資産については、前述のとおり投資計画が織り込まれていることが重要であるが、各事業の BS が直課で策定されているのか、配賦も含んでいるのかによって投資計画の織り込み方も影響を受ける。

BS が直課だけで成立している場合には、固定資産は当該事業で個別に使用するもののみで構成されているため、事業別投資計画をそのまま織り込むことで足りる。一方で、BS が配賦を含む形で作成されている、すなわち複数事業で共通使用されている固定資産があるといった場合には、投資計画も複数事業を跨いで策定されるケースも想定される。こうした場合には、当該投資計画についても配賦が必要になる。配賦については、対象となる固定資産に適用された基準を援用するのが原則ではあるが、当該投資が明らかに特定事業に帰属するのであれば、当該事業に直課する。

投資計画は、経営環境によって実施時期がずれたり、当初想定していた金額と乖離したりすることも多い。経営環境の変化に合わせて投資計画を適宜見直すことも重要であるが、そもそも投資計画が過大もしくは過小になっていないかについて BS 計画・BS 予算の策定を通じてアカウンタビリティを高めていくのが重要である。

② ROIC 目標との整合性

BS 計画や BS 予算は、それ単独ではなく、ROIC の目標や予算と整合するように策定されなければならない。すなわち、BS をどれだけ使用し、どれだけ ROIC を向上させるのかをセットで捉えるのである。

BS 計画・BS 予算策定時に論点になるのが、投資直後の ROIC が低下するケースが多いということである。投資に対する効果はただちに発現するケースは少なく、それ相応の年数を要するものが多い。ビジネスモデルによっては投資の効果が中期経営計画期間中には発現しないものもある。

ROIC 目標だけに焦点を当てると、事業部門側は不要不急の投資を後ろ倒しにし、少しでも ROIC を良くみせようとする誘因が働きやすい。これは ROIC の縮小均衡の罠ともいえる。投資を先送りにすることで、短期的には ROIC は維持もしくは減価償却が進む分だけ高まる可能性もあるが、同時に将来の投資の芽を摘んでしまう可能性もある。

BS 計画や BS 予算を導入する意義は、この縮小均衡の罠を回避することにもある。つまり、必要な投資は投資として、計画的かつ予算という厳密な枠組みの中で着実に実施することを本社が認識すると同時に事業部門もコミットするということである。

　また、それは投資の結果として短期的に ROIC が低下することを必要に応じて許容する、ということでもある。投資が着実にリターンを生むか否かを案件単位で精査するのはもちろんであるが、当該投資の効果が発現するまでの間は BS の増加額に比して PL が伸びない可能性もある。これを計画や予算として策定することは、短期的な ROIC の低下を許容して中長期の成長を目指すという企業の意思表明である。

　こうした観点から、本社は ROIC 目標を設定する際には事業部門の PL のみならず BS の計画や予算についても審議・承認したうえで、投資の実行に合わせて柔軟に ROIC 目標を設定する。一方で、事業部門には、投資による短期的な ROIC の低下の妥当性について、PL のみならず BS の計画・予算という観点から説明責任を果たすことが求められる（**図表 4-2-3**）。

　このように、事業別の投資枠は、PL と ROIC に加えて BS 計画・予算とも整合している必要があるのである。

③事業ポートフォリオ評価との整合性

　BS 計画・BS 予算の策定は、事業ポートフォリオ評価とも整合していなければならない。前述のとおり、事業ポートフォリオが適切に評価されていれば、その

図表4-2-3　BS 予算と ROIC

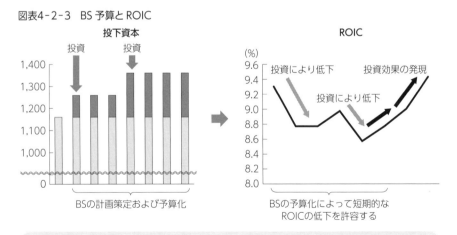

● BS予算化を通じて短期的なROICの低下を必要に応じて許容し、将来のROIC向上を目指す。そのためには投資によって得られるリターンについて厳密な精査を行う必要がある。

出典：筆者が作成

象限に応じた投資枠の方針も適切に決まるはずである。事業ポートフォリオ評価から導出される投資枠の方針とBS計画・BS予算に織り込まれる投資が整合していないということは、投資計画が投資枠の方針を逸脱して過剰あるいは過少な投資になっているか、そもそも事業ポートフォリオの評価結果が事業の実態と乖離していることを表している。こうした事態が生じるケースは稀ではあるが、事業ごとのBS計画・BS予算や投資計画を策定するに際しては、常に事業ポートフォリオを構成する個々の事業の位置付けを考慮に入れておかなければならない。

事業ポートフォリオ評価に基づく各領域の特性に沿った投資枠の方針と、これを踏まえたBS計画・BS予算を策定することにより、目指すべき事業ポートフォリオの実現に向けた投資規律を働かせることができるであろう。

(3) 事業別BSの作成方法
ここまで事業別にBSが存在していることを前提に議論を進めてきたが、そもそもどのように事業別にBSを分割すべきか、本章の最後に触れておきたい。

実務上、PLを事業別に分割している企業は多く存在する。PLの分割方法は、「直課」と「配賦」が基本である。「直課」は、特定の損益項目が当該事業と直接紐づいていることを意味する。それに対して、「配賦」は関連する損益項目が当該事業と直接紐づけが困難な場合に、一定のルールに則って割り当てることを意味する。例えば、本社スタッフの人件費など、事業と直接紐づかない費用項目は、売上高に応じて配賦する等して事業ごとに割り当てるケースが一般的である。

事業別BSも、基本的には「直課」と「配賦」によってBS項目を事業ごとに割り当てることで作成する。債権債務や在庫、固定資産において明らかに事業に紐づくBS項目は直課し、複数の事業を跨ぐ項目は配賦する。例えば、ひとつの工場で複数の事業を跨いで生産している場合には、事業ごとの生産高や工場の売上高、製造ラインの使用面積等に応じて配賦する必要がある。「直課」もしくは「配賦」を行うという点では、BSもPLと同じであり、「事業に関連したBS項目」を割り当てるだけであればハードルはさほど高くはないであろう。

しばしば問題となるのは、事業別に配賦すべきかそれとも本社勘定とすべきか判断が分かれるBS項目の存在である。ビジネスモデルによって異なる面はあるものの、一般的に事業別BSの作成に当たっては以下の①～⑨について考え方を整理する必要がある。こうした論点の中には、PL項目を資産化（BSに計上）し

たうえで事業ごとに配賦すべきではないか、というものもあり、検討すべきポイントは多い。

① 現預金の取り扱い
② 有価証券、投資有価証券の取り扱い
③ のれんの取り扱い
④ オペレーティングリースの取り扱い
⑤ 建設仮勘定の取り扱い
⑥ 繰延税金資産・負債の取り扱い
⑦ 退職給付資産・債務の取り扱い
⑧ 研究開発費の取り扱い
⑨ 有利子負債・自己資本の取り扱い

なお、これらは会計上の論点を踏まえつつ、あくまでも管理会計の視点から整理するのが一般的である。

①現預金の取り扱い

実務上、現預金は事業部門に配賦するのではなく、本社勘定とするケースが一般的である。現預金は本社による管理のもと、企業価値向上に資する投資案件に都度割り当てていく方針を取り、事業部門の投資権限とは別に管理する。

事業別 BS に現預金を配賦するケースもないわけではない。各事業部門に投資を促す目的から、本社が敢えて余剰現預金を事業部門に割り当てるというものである。配賦のためには一定のルールが必要であるが、一例として、事業部門の現預金のポジションは過去に稼いだキャッシュの割合に近似するという前提のもとに、事業ごとの過去数年間の EBITDA の平均値をとり、その大きさの割合に応じて配賦するというものがある。

ただ、冒頭に記載のとおり、一般的には現預金は本社勘定とし、事業別 BS に割り当てるのは稀なケースといえるだろう。

②有価証券、投資有価証券の取り扱い

有価証券や投資有価証券は基本的には特定の事業との関連性の有無をもって直課が可能である。特に持分法投資については本社による戦略投資でない限り事業との紐づきが明確で、直課できるケースが多い。投資有価証券が問題となるのは、複数の事業に関連している場合の取り扱いである。この場合は基本的には保有している投資有価証券を発行している企業との取引高等の基準をもって配賦す

るのが一般的である。

　また、減少基調にあるものの、政策保有株式として銀行株式を保有する企業は未だに多い。銀行株式は事業ごとに直課するのが困難であるため、本社勘定にせざるを得ない。

③のれんの取り扱い

　のれんは原則的に各事業に紐づける形で事業別 BS に配分すべきである。のれんを事業 BS に配分することを「のれんをプッシュダウンする」と表現することがある。これは、被買収会社の個別財務諸表にのれんを反映する米国会計基準のプッシュダウン会計に倣ったものである。あくまでも管理会計として、事業別BS にのれんを反映するという意味で「プッシュダウンする」と呼称しているに過ぎない。

　特定の事業が M&A を実施した結果として発生したのれんを事業別 BS に配分することが論点になることは少ない。論点になるのは、本社主導で実施したM&A で発生したのれんや、のれんが複数の事業を跨ぐ場合における事業別 BS上の取り扱いである。会計基準によって若干差異はあるものの、制度会計上、のれんは原則として資産グループや資金生成単位に配分するとされており、事業との紐づけは明確になっている。しかしながら、管理会計上は必ずしもそのとおりに認識されていないケースがある。

　基本的には、何かしら事業に紐づくのであれば管理会計上ものれんを配賦する必要がある。のれんの配賦は、制度会計上の資産グループや資金生成単位へののれんの配分と一致させるのが望ましい。事業部門としてのれんを認識せず、本社勘定とする企業が存在しないわけではないが、後述するように、本社 BS にも資本コストはかかる。あらかじめ資産として配賦されるか、後々、資本コストとして賦課されるか、いずれにせよ、のれんは何かしら事業で負担しなくてはならない。ROIC の実態を正しく評価するうえでものれんは事業別 BS に配分することを推奨する。

④オペレーティングリースの取り扱い

　事業別 BS の算出に当たって、オペレーティングリースを以下のように調整するケースがある。

　i. オペレーティングリースを資産計上し、投下資本に加算する。

　ii. オペレーティングリースを疑似有利子負債として計上し、投下資本に加算する。

　オペレーティングリースを資産計上するためには、リース料の割引現在価値を

試算する必要があり、リース料のうち利息部分を抽出して NOPLAT に足し戻すといった個別の調整も必要になる。M&A 時における企業価値評価や最適資本構成の格付アプローチ（財務格付の再現と分析）に当たってこれらの調整を実施することはあっても、事業別 BS の作成を目的としてここまで手間をかけるべきか否かは議論になり得る。結果として、リースに大きく依存するビジネスモデルでない限り、個々に調整することは少ない。

　なお、IFRS16 号を適用している場合には、使用権資産・リース負債ともに BS に計上されることから、それらを事業別に配賦するケースが多い。ただし、IFRS16 号適用前後の時系列比較が困難になる場合もあり、当面の間は IFRS16 号適用前・適用後の 2 パターンで事業別 PL・BS を作成するケースもある。

⑤建設仮勘定の取り扱い

　建設仮勘定は、建設中の固定資産を仮計上しているものであり、明らかに事業用資産であるが、未だ事業別 PL に利益貢献していないことから、事業別 BS には含めないとする意見もある。しかしながら、建設仮勘定は各事業の意思の下に投資を行っている過程にある資産という見方から、事業別 BS を構成するという判断に落ち着くケースが多い。当該建設仮勘定が複数の事業を跨ぐものであれば、一定のルールに基づいて配賦する必要がある。

　同様の論点として、ソフトウェア仮勘定と IPR&D（in-process research & development, 仕掛中の研究開発費）といった無形の仮勘定も存在する。これらについても、事業に紐づくものは直課、複数の事業を跨ぐものは一定のルールに基づき配賦が必要である。ソフトウェア等、全社を跨ぐものについては、いったん本社勘定とするケースもある。

⑥繰延税金資産・繰延税金負債の取り扱い

　結論として、各事業部門がそれぞれタックスプランニングを実施していない限り、繰延税金資産・負債ともに事業別 BS には計上しない。タックスプランニングは、全社最適の方針のもと本社で一括管理する場合がほとんどである。特定の事業で多額の繰越欠損金等が発生している場合には個々に調整を実施することもないわけではないが、基本的には繰延税金資産と繰延税金負債をネットアウトした額を本社勘定とする。（ネットアウトの結果、資産超の場合は資産計上、負債超の場合は疑似負債として調整する）

⑦退職給付資産・退職給付債務の取り扱い

　退職給付資産・退職給付債務は退職給付会計に則り計上される資産・負債項目である。実務上、事業別 BS にこれらを配分しないのが一般的である。

まず退職給付資産は、退職給付のための年金資産であり、そもそも事業に使用していない。

　退職給付債務は、将来支払いが見込まれる退職給付額のうち、期末までの労働の対価として発生している額の現在価値である。平易に表現すれば、従業員に支払う将来の退職金の現在価値であり、事業ごとの職員数などをもとに配賦することも可能である。しかしながら、その場合、事業別 PL 上も勤務費用のみを費用計上する必要性があるなど、管理負担が高くなる。

　かかる状況を踏まえて、退職給付資産と退職給付債務をネットアウトした額を本社勘定とすることが多い。(ネットアウトの結果、資産超の場合は資産計上、負債超の場合は疑似負債として調整する)

⑧研究開発費の取り扱い

　研究開発費を資産計上し、事業別 BS に含めるべきとする議論がある。この考え方の背景には、以下の 2 つの視点がある。

i. 研究開発費は実質的には将来の収益の源泉となる投資であり、資産計上すべきである。

ii. ビジネスモデルによって資産計上される投資が多い事業と費用性の投資が多い事業とでは後者の投下資本は過少となる。かかる状況下では各事業の ROIC を apple to apple で比較するのが困難となるため、事業間の適正な評価を行うために資産計上すべきである (例：R&D の割合が高いヘルスケア事業等)。

　研究開発費の資産計上は、BS・PL の計算が非常に煩雑であり、合意を得るべき前提条件も多い。例えば、研究開発費を資産計上する場合、当該資産のライフサイクルを定めて償却する必要があり、議論は事業別 PL の調整にも及ぶ。

　上記 ii. に記したとおり、ビジネスモデルによって R&D の高低が ROIC の差異として表れることを研究開発費の資産化の論拠とする意見もある。もちろん、その想定も可能ではあるが、そこまで事業リスクが異なるのであれば WACC を事業別に分けるべきであって、評価すべきは ROIC Spread や EVA の差異である。ROIC の高低だけをもって企業価値向上を議論するのは片落ちである。

　結論として、当年度の研究開発費は事業別 PL の直課・配賦 (基礎研究開発は配賦、事業部門独自のものは直課が多い) に留め、資産計上は行わない企業が大多数である。

　なお、会計基準にもよるが M&A で取得した IPR&D は資産計上されるため、直課もしくは配賦の必要がある。

⑨有利子負債・自己資本の取り扱い

　事業別 BS の作成が ROIC 算出のみを目的とするのであれば、事業別に有利子負債と自己資本を算出するのは必ずしも必須ではない。事業別 ROIC の投下資本の算出は、「運転資本＋固定資産」をもって行うため、有利子負債と自己資本の内訳は特段問題にはならない。ここまでで取り上げた事業別の BS 予算も、事業部門長が所管の運転資本と固定資産をどうコントロールするかに着目しており、その資本・負債構成までは想定していない。

　事業別 BS において資本・負債の内訳の算出が必要となるのは、事業部門長が資金調達についても責任を負う場合と事業別 WACC 算出時の 2 点である。

　事業部門長が資金調達について責任を負う場合、事業部門長は自部門の事業計画とリスクを勘案しながら必要資本を定め、有利子負債を独自に調達する必要がある。この場合、事業部門長は、自らの判断で配当や金融機関との交渉を行わなければならない。しかしながら、現実問題として配当や資金調達の主体は子会社等の法人であって、事業部門と必ずしもイコールではない。また、財務ガバナンスの観点から、子会社には独自調達の権限を認めていない企業も多く存在する。事業部門＝子会社の関係にあり、かつ、子会社に独自調達の権限が認められていれば、事業別の資本・負債構成は論点になるであろうが、子会社として確保すべき必要資本や資金調達は財務ガバナンスの観点から議論すべきポイントであって、事業部門長の資金調達の責任の観点から事業別の資本・負債構成を定めるのは極めて特殊な例であるといえるだろう。

　本来、事業別に資本・負債構成を認識する必要があるのは、事業別 WACC の算出時である。事業ごとに抱えるリスクは異なり、そのリスクを支える資本・負債構成も事業ごとに異なるはずである。事業別 BS 管理のあるべき姿としては、事業ごとに資産のみならず資本・負債も管理し、事業別 WACC についても各事業部門が責任を負うべきである。一方で、そのためには極めて高度な財務リテラシーが求められることもあり、そのレベルには至っていない企業がほとんどである。かかる状況下において、事業ごとに有利子負債・自己資本を分割しないのが実務上は一般的である。（事業別 WACC 算出に当たって事業ごとに資本・負債構成を定める考え方については第 5 章で詳細に取り上げており、そちらを参照されたい）

　①〜⑨の事業別 BS の作成に当たっての個別論点をまとめると**図表 4-2-4** のとおりとなる。

図表4-2-4　事業別 BS の分割方法

事業別BS

売掛金	買掛金
在庫	
土地・建物	
建設仮勘定	
のれん	
投資有価証券	

直課もしくは配賦する

事業別BSを構成しないその他勘定科目
（一般的な対応）

- 現預金
- 繰延税金資産／繰延税金負債
- 退職給付資産／退職給付債務
- 有利子負債／自己資本

本社勘定
（事業別BSとして認識しない）

- オペレーティングリース
- 研究開発費

事業別BSにはオンバランスしない

出典：筆者が作成

　結論として、事業別 BS は、事業で使用している資産に絞ってなるべくシンプルに把握するのが適切である。事業別の BS 予算の議論を念頭に置くと、事業部門長が自らのコントロールできる BS 項目に限定するのが経営管理としても機能しやすい。

　忘れてはならないのは、本社 BS にも資本コストがかかるという点である。BS 項目によっては本社勘定扱いにするものもあるが、本社 BS に寄せたからといってそこで終わりではない。連結全体で企業価値向上を果たすためには、本社 BS にかかる資本コストを事業ごとに配賦する必要性も生じる。（本社 BS にかかる資本コストの配賦については第 5 章を参照）

　最終的には、BS として配賦するか資本コストとして配賦するかの差でしかないが、まずは事業で使用している BS 項目を事業別 BS として把握することが ROIC 経営や ROIC を用いた事業ポートフォリオ管理への第一歩である。

事業ポートフォリオ
評価と
投資判断プロセス

1. 投資判断プロセスと投資判断基準

(1) ROIC 向上に向けた投資判断プロセス

①投資判断

前著『ROIC 経営』で解説したとおり、ROIC はストック経営における投資の PDCA をマネジメントする手法である。投資の PDCA を司る枠組みは、投資判断、モニタリング、撤退判断の大きく 3 つで構成される。

投資判断は、投資に至るまでのプランニングに該当する。その名が示すとおり、設定された投資基準に照らして有形・無形の事業資産に対する投資の是非を判断するプロセスであり、ROIC 経営の根幹を担う意思決定である。

投資基準は、ROIC 向上における最重要項目と言っても過言ではない。投資基準を厳格に設計し、それに則って運用することで甚大な損失の発生を回避することを目的としている。後段で詳述するが、投資基準には事業計画とリスクの客観的評価が求められることから、その設計には一筋縄ではいかない難しさがある。ここでは、投資判断をはじめ、モニタリング、撤退判断の各局面で散見される問題点を示しながら、改善すべき方向性について解説する。

話を投資基準に戻そう。投資基準で散見される問題としては、「投資基準には必要事項が網羅されているものの、事業計画が主観的かつ恣意的に評価され、楽観的あるいは強気な計画が承認される」、あるいは「投資時点の事業見通しが甘く、外部環境の変化に対応できずに特損処理を余儀なくされるケースがある」、といったことが挙げられる。前者は、事業部が主体となって起案する場合に散見される問題であり、投資案件を何としてでも通したいというインセンティブから、傾向として事業環境を楽観的に見た結果、将来計画で右肩上がりの順調な成長が見込まれがちになるというケースである。事業部の立場としては、自らの責任で投資を推進する必要があるため、対象事業が成長する絵を描くのは至極当然のこととしまいえる。しかしながら、いざ投資後のパフォーマンスを分析してみると、半分以上の投資案件が計画未達に終わっている、という現実を目の当たりにすることの方が多いであろう。

こうした事態を回避するためには、投資基準に客観的評価の仕組みを実装することがポイントになる。具体的には、楽観的、強気に市場環境を判断することを回避すべく、メガトレンドの影響を定量化したうえで事業計画を策定する、といったプロセスを織り込むことである。重要なポイントであるため、具体的に事例を紹介する。

図表5-1-1　メガトレンドを定量化した事業計画評価の構造

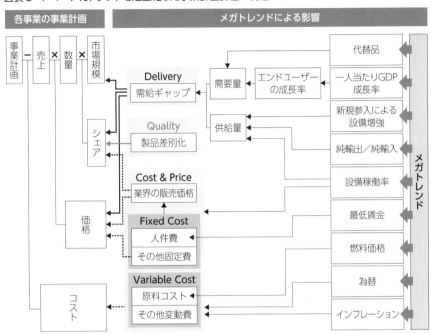

出典：筆者が作成

　図表5-1-1は、メガトレンドを定量化した事業計画評価の構造である。左に事業計画を構成する売上とコストという基本的な枠組みがあり、右側に売上とコストに関連するメガトレンドを構成するパラメーターが紐づけられている。例えば、市場規模に影響するパラメーターだけでも需給ギャップ、需要量、供給量、代替品、一人当たりGDP成長率、新規参入による設備増強、純輸出・純輸入、設備稼働率の8つが関連している。これは、市場規模の予測・見立てがいかに複雑であるかを示している。こうしたパラメーターとして外部資料やデータに基づいて定量値をインプットすることにより、客観的な評価が可能となる。事業部がここまで精緻に将来計画を策定するのは難しい側面もあるであろうから、コーポレートサイドで検証し、定量値に基づいて事業部と戦略対話までできるのが理想的である。

　「投資時点の事業見通しが甘く、外部環境の変化に対応できずに特損処理を余儀なくされるケースがある」という問題点、これも、投資基準設計時の重要な検

討事項である。この問題への対応策は、投資段階で投資額を圧縮する施策の立案と、当該投資のROICへの影響の可視化である。具体的には、事業資産回転率を起点に可視化する。事業資産回転率は、運転資本回転率と固定資産回転率に分解されるが、前者はモニタリング段階で改善が可能である一方、後者の固定資産回転率は、モニタリング段階における固定資産の圧縮には限界があるため、投資基準に織り込んでおく必要がある。

　図表5-1-2は、投資段階における固定資産額圧縮の可視化オプションを構造化したものである。固定資産を圧縮するには、投資1件当たりの設備額の削減と耐用年数の伸長という2つの方向性がある。耐用年数の伸長は、投資判断以上に日々の改善活動が有効に機能するため、投資基準の観点からは、特に投資1件当たりの設備額の削減が重要となる。これはさらに、設備単位当たりの投資額削減と余剰設備能力の削減、つまり設備能力の適正化で構成される。余剰設備能力の削減は、特に投資更新時に有効な施策である。最近ではデジタル技術の進歩もあり、CAD/CAEはもとより、デジタルツイン技術の活用によって相当精緻な設

図表5-1-2　投資段階における固定資産圧縮の可視化

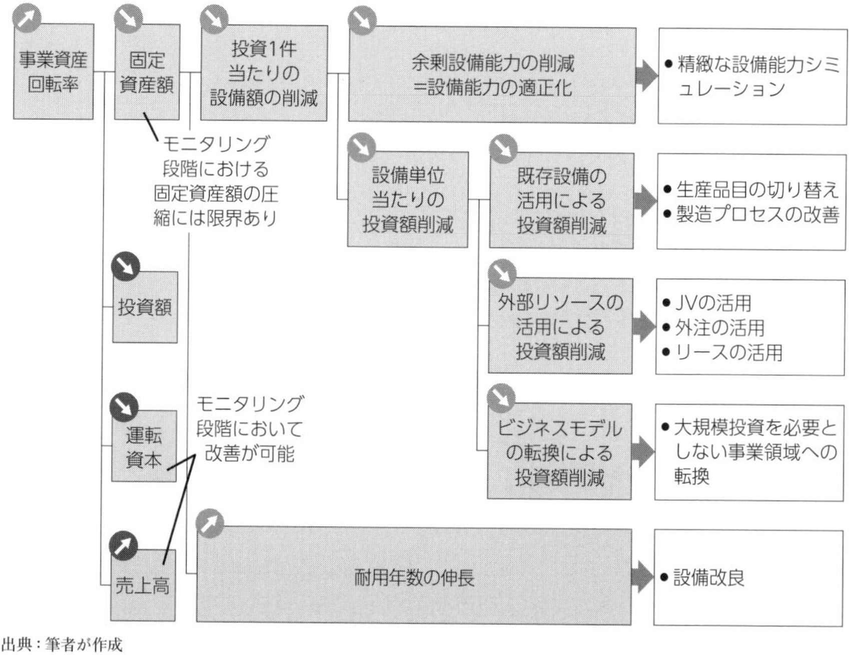

出典：筆者が作成

120

備シミュレーションも可能となっている。得てして競合を意識するあまり、オーバースペックの設備を導入する傾向がある企業も散見されることから、こうしたシミュレーション技術を活用することで余剰設備能力の削減幅を可視化することができる。

　もうひとつの施策となる設備単位当たりの投資額削減は、さらに3つのオプションに分解される。具体的には、既存設備の活用、外部リソースの活用、ならびにビジネスモデルの転換である。投資額に対するインパクトという観点からすると、最も大きな効果が得られるのはビジネスモデルの転換である。ただし、これは従来の付加価値型事業から回転率事業への転換を意味するものであるため、慎重に検討しなければならない。従来型の事業モデルの継続を前提とすれば、採り得るオプションは、既存設備あるいは外部リソースを活用した投資額削減となる。

　既存設備の活用による投資額削減は、生産品目の切り替えや製造プロセスの改善を既存設備で見込むことを意味している。具体的には、前工程の品質（歩留り）改善で良品率が向上し、その結果、後工程の生産効率（スループット）、つまり単位時間当たりの作業量を向上させることによって投資額を抑制する、あるいは小ロット製造の際に大ロットから切り出す製造方式に変更することで小ロット専用の製造ラインを縮小・撤退する、といったことが挙げられる。また、外部リソース活用による投資額削減は、JV（ジョイント・ベンチャー）、外注、リースなどの手段がある。具体的には、前工程生産と後工程生産の合弁会社の設立、後続工程の外注化、土地・建物等のリースといったことが挙げられ、これらの施策により投資額の削減を見込むことができる。

②モニタリング

　モニタリングは、ROICを計画通りに進めていくための投資後のプロセスである。PDCAでいえば、投資判断はP（計画）に該当するが、モニタリングはD（運用）とC（評価）のプロセスに該当する。要約すれば、モニタリングKPI管理である。KPI管理を行うには、ROICを構成するKPIの設計と運用組織の組成を整備する必要がある。ここでは、運用組織の組成に関して散見される問題点を中心に説明する。

　モニタリングは誰が行うべきか。これは、モニタリングにより得られる成果を誰が実現するかを基準に考えるべきであろう。すなわち、モニタリングは、数値責任を担う主体が行うべきである。しかしながら、現実はモニタリングと数値責任の主体が必ずしも一致していないケースが散見されるのが実態である。具体的

には、モニタリングはコーポレートが行い、事業部はROICの運用において重要な資産売却等の権限を与えられずにオペレーションと数値報告の確認だけになり、ROICが現場まで浸透しないというケースである。その結果、事業部でROICを意識した意思決定が行われず、ROICの可視化も十分になされないという悪循環に陥っているケースもみられる。これは、ROICが"自分ごと"として現場に落とし込まれる組織構造が組成されていないことが招いている事態といえる。

　こうした事態を解決するためには、組織の職掌とROICの階層とを重ね合わせ、モニタリング主体と数値責任を負う主体が一致する組織構造を構築することが有効である。図表5-1-3は、ROICの構成要素と組織階層に応じたモニタリングの管掌範囲を構造化したものである。縦軸にROICの構成要素、横軸に組織の管掌範囲をとり、モニタリング主体と数値責任の主体を関連付けている。ROICについては、取締役とコーポレート管掌の執行役員は全社ROICに、事業部管掌の執行役員は事業部ROICに責任を持つ構造がとられている。さらに、ROIC経営で管理・統制が必要な固定資産・投資についてはコーポレートと事業部が連携して可能な限り新規投資額を圧縮するといった役割分担をし、そのうえで発生し得る特別損失についても取締役と執行役員が責任を負う設定になっている。一方、執行役員未満の階層では、売上高、コスト、運転資本といったオペレーションに関連する項目が管掌範囲として割り当てられている。当然これらの項目もモニタリング主体と数値責任の主体が一致する構造がとられている。

　このように、モニタリング項目と組織の管掌範囲とを一致させることにより、ROICを構成する項目と責任者・担当者が明確になり、オペレーションレベルでROIC経営を機能させることができる。さらに、ROIC項目別の管理・統制すべき期間に沿ったモニタリング頻度を設定することにより、計画の進捗状況をタイムリーに捕捉するモニタリングが可能となる。こうした運用をすることにより、事業ポートフォリオレベルで経営層が管轄するROICと、オペレーションレベルで事業部が管轄するROICが整合し、事業ポートフォリオと事業部運営が有機的に連動したROIC経営へとつながっていく。

③撤退判断

　投資判断で最も難しい意思決定は、撤退判断である。撤退は、避けて通ることが許されるのであれば、誰もがそのようにしたい意思決定である。そうした心理面の障壁が高いことが、撤退に関わるあらゆる事項を蔑ろにしてしまう。まず、そもそも撤退基準が明文化されているケースが少ないうえに、仮に明文化された

図表 5-1-3　ROIC の構成要素と組織階層におけるモニタリングの管掌範囲

ROICの構成要素	モニタリング主体（＝数値責任の主体）			
	取締役	執行役員（コーポレート管掌）	執行役員（事業部管掌）	執行役員未満（事業部所属）
ROIC	✓（全社ROIC）	✓（全社ROIC）	✓（事業部ROIC）	—
利益率	✓	✓	✓	✓
売上高	✓	✓	✓	✓
販売単価	✓	✓	✓	✓
販売数量	✓	✓	✓	✓
コスト	✓	✓	✓	✓
売上原価	✓	✓	✓	✓
販管理費	✓	✓	✓	✓
特別損失	✓	✓	✓	—
営業資産				—
運転資本	✓	✓	✓	—
固定資産・投資	✓	✓	✓	—
モニタリング範囲	全社・各事業本部	全社・各事業本部	管掌事業本部	管掌事業
モニタリング頻度	四半期	四半期	月次 ROICと固定資産は四半期	月次

（第4列に縦書きで「事業部ROICの構成要素」と記載）

☑ モニタリング主体が、数値結果に責任を持つ項目　　☑ モニタリング主体が、変動要因を把握する項目
⊟ モニタリングの対象から除外する項目

出典：筆者が作成

　撤退基準があったとしても規定したとおりに適用されているケースも同じく少ない。筆者の経験則では、日本企業で撤退基準を明文化しているケースはおおむね10％、そしてそれを厳格に適用しているケースも同じく10％、つまり、然るべき撤退はわずか1％にとどまるというのが感覚値である。
　撤退判断はこうした現状にあることから、まずは撤退基準を策定することが何より大事である。ただし、撤退判断の材料となるのは前工程のモニタリングであるため、双方の連携を図っておくことが必要である。いきなり撤退という決定

は、非常にストレスがかかるため、モニタリング基準と撤退基準を結節する「再生計画の立案と実行」が重要なプロセスとなる。撤退基準はきわめて重要な意思決定プロセスであるため、具体的な方法は改めて第2節で詳述する。

(2) 投資基準のあり方と運用方法

　ここまで、投資判断プロセスで散見される課題と改善の方向性についてみてきたが、結論から述べると、投資基準は、投資判断を行うに際して客観性が担保されること、投資時点で撤退基準も明確にしておくこと、この2点が考慮された規定とすべきである。図表5-1-4は、客観性と撤退基準の概念を反映した投資基準（投資判断における検討項目）の一覧である。戦略的意義、投資スキーム、投資判断指標、事業計画の蓋然性、リスク分析、投資採算性、撤退基準と、投資基

図表5-1-4　投資基準（投資判断における検討項目）

戦略的意義		自社の事業戦略との整合性の検証 ● 投資目的の明確化 ● 自社の事業戦略と投資内容の整合性の検証
投資スキーム		投資概要の確認・検討 ● 投資金額、投資手法、投資スケジュールの検討　等
投資判断指標		投資判断に用いる指標・基準の設定 ● 指標は、NPV、IRR、Pay-back等から選択（単一／複数） ● 基準は、NPV＞0、IRR＞WACC等が、閾値として設定
事業計画の蓋然性		リスクを勘案した事業計画の蓋然性の検証 ● 収益予測（感度分析）の実施 ● 各種リスク（下記リスク分析参照）の計画への反映
リスク分析	市場縮小リスク	投資対象とする市場自体が縮小するリスクの検討 ● 市場自体が、縮小する可能性の検討 ● 市場縮小リスクの、事業計画・割引率への反映
	カントリーリスク	投資対象とする国の固有のリスクの検討 ● 経済成長、税制、外交政策、財政政策等の分析 ● カントリーリスクの事業計画・割引率への反映
投資採算性		投資判断指標を基にした投資採算性の検証 ● NPV、IRR、Pay-backの算定 ● 投資の判断基準に照らした、投資採算性の検証
撤退基準		撤退を検討する指標・基準の設定（投資時点での設定が必要） ● 指標は、投資の判断軸に採用した指標の他、ROICやPL等から選択 ● 基準は、各指標における、全社・事業の目標値等を参考に設定

出典：筆者が作成

124

準の構成要素は広範囲に及ぶ。これらの項目をすべて検討したとしても成功するとは限らないのが投資の難しいところである。いかに投資という行為が複雑かつ精緻な意思決定を必要とするものかを再認識させられる。

　投資基準の策定に当たって最初に検討すべき項目は戦略的意義である。「戦略的意義」では、事業戦略と投資案件との整合性を検証する。この検証プロセスによって投資の目的を明確にし、投資に対する社内コンセンサスを形成する。以前は、戦略的意義が乏しかったとしても、連結グループに取り込むことで収益規模の面でプラスに寄与するのであれば多少の高値摑みも厭わないと感じられるような事案もしばしば見受けられた。こうした意思決定は、近年随分減ってきてはいるが、投資を実行するに際しては、自社にとっての当該投資の意義を明確にしておく必要がある。

　続いて、どのように買うか、すなわち投資スキームを検討する。ここでは、投資対象の金額、株式譲渡、株式交換・株式移転、会社分割といった投資手法、そして投資スケジュールを確認、検討する。特に留意すべきは投資スケジュールである。競合にとっても魅力な案件を扱うケースや、M&A に不慣れな企業が案件に取り組むケースなど、必要な検討がなされないままにスピード重視で投資が承認・実行されてしまうことも現実に起きている。得てして主管部は案件の成立に向けて前のめりになりがちであるが、必要な検討が過不足なくされるようなスケジュールを組む必要があるであろう。

　「投資判断指標」は、その名が示すとおり投資判断に用いる指標・基準の設定である。投資判断に用いる指標は、NPV、IRR、Pay-back 等から選択する。実務上は、いずれか特定の指標のみが採用されるのではなく、それぞれの有用性を勘案しながら複数の指標が採用されるケースが多い。基準は指標を定量的に測定するパラメーターであり、一般的には、閾値として NPV>0、IRR>WACC 等が設定される。全社と各事業の統一的な投資判断指標が設定されておらず、個別の投資案件単位で運用されるがゆえに客観性が担保されていないケースが見受けられる。投資判断指標の設定・運用に当たっては、客観性が強く意識されるべきである。

　「事業計画の蓋然性」では、前章で解説したことに加え、企業によっては事業計画を必達目標と位置付ける風土があるがゆえに蓋然性が低くても当該事業計画が承認されてしまうリスクがある。事業計画は、社内運用では目標値であるべきだが、投資判断上は想定値として位置付けるなど、使い分けが必要である。

　「リスク分析」では、市場縮小リスクとカントリーリスクを対象として評価す

る。市場縮小リスクは、「事業計画の蓋然性」とリンクするよう評価をし、客観性が担保されるようにすることが何より重要である。カントリーリスクについては、経済成長、税制、外交政策、財政政策等、PEST分析を実施する。分析に際しては、格付機関やカントリーリスク調査機関のレポート、投資対象国にいる自社の駐在員からの情報が有用である。分析結果は事業計画や割引率に反映するが、実務上は、情報の入手や解釈のしやすさ等を考慮してDamodaranモデルが採用されるケースが多い。カントリーリスクの定量化方法の具体的な解説については、専門の書物に譲りたい。

「投資採算性」では、NPV、IRR、Pay-back等を算定し、投資判断基準に照らして投資の「Go/No Go」を確定する。投資基準は定量的に算定されるため、客観性を担保することができる。ここで厳に慎むべきは、この段階で定性的な判断基準を持ち出すことである。筆者は、投資の失敗案件を分析するプロジェクトに関与した際に膨大な稟議書をレビューしたことがあるが、結論に数多く記載されていたのが「定量的にはNo Goであるが、戦略的重要度の高さに鑑みてこの投資案件はGo」といった文言である。一体何のための定量評価なのか、と当時愕然としたものである。投資判断は定性要因を定量化するプロセスであって、定量評価こそが結論である。戦略的重要度といった便利な言葉が登場した際には、それが具体的に何を指すのかを突き詰めてほしい。

「撤退基準」は次節で解説するが、「投資時点であらかじめ設定しておくこと」が重要である。投資の失敗案件分析プロジェクトで抽出されたもうひとつの失敗要因が、投資時点であらかじめ設定された撤退に関する指標・基準がなく、撤退判断が適時・適切になされない、というものであった。投資基準と撤退基準はワンセット、もしくは撤退基準は投資基準に含まれるということを強調しておきたい。

2. 撤退基準の重要性

(1) 撤退・継続の判断基準とモニタリング上の扱い

撤退基準は、図表5-1-3「ROICの構成要素と組織階層におけるモニタリングの管掌範囲」にあるモニタリング項目をトレースすることから始まる。図表5-2-1は、モニタリングプロセスと撤退までの流れを示しているが、3つのステップを経てようやく撤退に至ることがわかる。

最初のステップは、将来業績の悪化の兆候がないかどうかを把握するプロセス

図表 5-2-1　モニタリングプロセスと撤退までの流れ

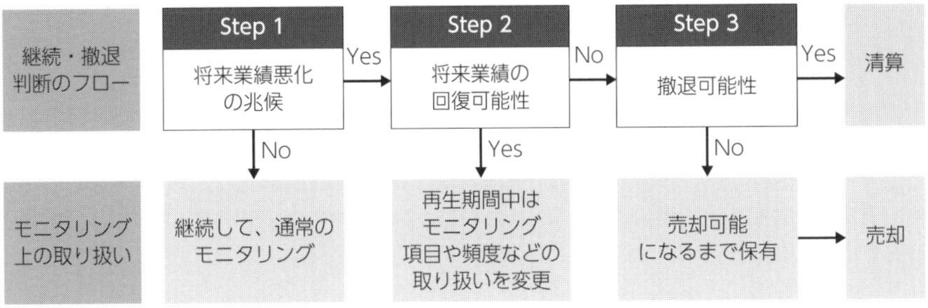

出典：筆者が作成

であり、モニタリング項目を決められた頻度でトレースする。特に、先行指標となるモニタリング項目が悪化している場合は、将来業績が悪化する兆候がみられると判別して差し支えないだろう。次のステップは、将来業績の回復可能性の検討である。ここでは、事業ポートフォリオ評価と合わせて検討するが、再生事業と位置付けられた場合には、モニタリングの項目および頻度の取り扱いを変更してモニタリングを継続する。最後のステップが撤退可能性の検討である。採り得る主な撤退のオプションには売却と清算があるが、より望ましいのは前者である。売却は、清算では得られない売却収入の獲得や、他のオーナー傘下とはいえ事業継続が図られることで雇用の維持にもつながり、レピュテーションリスクをヘッジすることができるといった効果が期待できる。このオプションを採る場合には、売却可能になるまで保有し、その後売却という流れになる。ただし、撤退対象が恒常的な赤字から脱却することができず、売却候補先も容易には見つからないと判断される場合は、すぐに清算オプションを選択する。このように、投資の継続・撤退の判断は、将来業績悪化の兆候の有無、将来業績の回復可能性の有無、処分可能性の有無というステップで検討を重ねる。

(2) 撤退基準適用プロセス

　撤退基準を適用するに当たって重要なフェーズは、再生計画の策定と実行である。図表 5-2-2 は、撤退検討プロセスであるが、この中盤に「モニタリング指標と再生計画の策定基準」と「再生計画の策定と実行」という 2 つの重要な局面がある。ここで業績悪化の兆候と将来業績の回復可能性を見極めることになる。

　「モニタリング指標と再生計画の策定基準」では、再生計画を策定すべきか否

図表 5-2-2　撤退検討プロセス

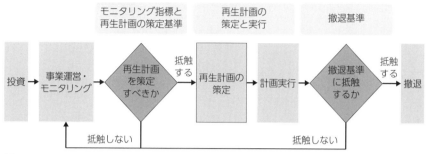

出典：筆者が作成

かについて意思決定する。意思決定の前提として、事業の進捗を把握するための重点 KPI を設定し、予算と実績を定期的にモニタリングする。重点 KPI としては、成長率も考慮した売上高、事業および営業利益（率）等を用いるといいだろう。さらに、売上成長のドライバーとなる新規顧客販売数や推定市場シェアといった KPI もモニタリング対象としては有効である。こうした指標をモニタリングする中で、再生計画を策定するか否かを判断するが、そのためには、事業損益や重点 KPI を中心とした再生計画の策定基準を明確にしておく必要がある。これは、再生計画を策定するタイミングを規定することとも言い換えることができる。具体的には、「営業利益が投資時の計画から何％以上悪化した」、「何億円以上の損失が発生した」、「重点 KPI が当初計画から何％以上乖離し、改善する見込みがない」、といった抵触基準を設定するのである。パーセンテージや損失額の程度に目安となる基準があるわけではなく、各社固有の事情を勘案して決定することとなるが、実務上は、おおむね 10-30％の乖離幅を設定する傾向がみられる。

　実際に再生計画を策定すべきと判断されるに至るまでに散見されるケースとして、モニタリングを通じて再生計画の必要性を認識しつつも、なかなか具体策が講じられない、といったことが挙げられる。こうした事態を回避するためには、実績値が計画値から乖離した場合の再生計画策定に係るルールや基本的な方向性を整理しておくとよい。再生計画の内容や実行に関わる具体的な方法については多くの専門書が発刊されており、詳細はそれらの良書に譲るが、対策としては、「追加投資やリソース配分により事業の継続を図る」、「リストラクチャリングにより事業を縮小する」、「持分を一部売却して事業を継続する」といったことが挙

げられる。

　再生計画の策定と実行に先立って業績回復の可能性をモニタリングし、求められる意思決定が撤退基準に抵触するか否か、という撤退判断をする。この意思決定を機能させるために、案件ごとの個別事情の原則的な取り扱いも含めて撤退基準を明文化し、撤退に関わる意思決定の責任者を明確にする。

　特に、意思決定の責任者のアサインは難航することが多い。誰もそのような気が重い判断に関わりたくないのが正直なところであろう。では、誰がこの任を担当すべきであろうか。筆者は、CFOが担当すべきと考える。なぜなら、CFOは戦略を財務の観点から定量的に判断し、推進役となったり、時には制御をかけたりする役割を担う最高責任者だからである。なぜCEOではなく、CFOなのか。これは、投資意思決定の実態を踏まえての話であるが、投資の意思決定はCEOによってなされることが多く、特に重大投資案件は、投資判断基準を超えた意思決定（決して褒められた話ではないが）をCEO自らが下すことがほとんどである。いわばCEOはアクセルとしての機能を担う。こうしたアクセル中心の意思決定を下してきたCEOが、自らの判断を撤回するような撤退判断を担うことができるだろうか。特に、自らの裁量で投資判断を行った重大投資案件について撤退判断を下すことは、失敗を自認することを意味することから相当ハードルが高く、筆者が認識する範囲ではCEOが撤退判断を担うケースは少ない。それに対してCFOは、アクセルとブレーキ、いずれの機能も担っている。投資判断に関与しても、ほぼすべての投資の最終決定はCEOが担っている。また、CEO自らが本音では過去行った重大投資案件から撤退すべき、と感じてはいても投資判断を下した立場上、撤退判断が難しい、そんな場合であっても、CFOはこの判断を下すことができる立場にある。こうしたCEOとは異なる立場にあるCFOであれば、撤退基準という定量基準に基づいた厳正な意思決定を下すことができるであろう。

　もうひとつの撤退基準であるが、これは再生計画を前提とするため、そのモニタリング基準と一貫性をもった形で設定される。すなわち、項目としてはモニタリング基準と同様に、売上高、事業および営業利益（率）が用いられる。モニタリング基準の箇所で解説したとおり、撤退判断に際しての抵触基準をどのように規定するかが重要である。具体的には、「再生計画何年目でモニタリング基準を充足しない場合」、「再生計画期間を何年としたうえで営業利益が計画より何％以上悪化した場合、もしくは営業赤字、または債務超過に陥った場合」といった抵触基準を設定する。こうした再生計画のモニタリングのために設定したKPIが、

再生計画何年目で目標に達していない、かつ目標達成の目途が立っていない、となった場合に撤退という意思決定に至ることとなる。

3. 事業別WACC

　事業ポートフォリオの評価軸として財務評価、とりわけ資本コストを意識した指標を設定することが重要である点についてはすでに解説したとおりである。多くの企業では、その指標としてROICが使用されているが、ROICそのものは、資本効率の高低を表している指標にすぎない。企業価値の創出という観点からは、ROICがWACCを上回っているか否かが最も重要なポイントである。

　WACCは、投資家や株主、金融機関の期待収益率の代理指数である。連結グループ全体でROICがWACCを上回ること、これが企業にとって持続的な事業展開を行っていくうえでの最低条件である。果たして事業別評価には事業別に算出したWACCを使用すべきなのであろうか。

　事業別WACCの使用を検討するうえでは以下の点について整理が必要である。

　1点目は、事業別にWACCを変える必然性は何か、という点である。これは、ビジネスモデルや事業特性を踏まえて結論を出す必要があるが、「ハードルが高い」という漠然とした理由で事業別WACCの導入に抵抗感を抱く企業も多い。

　2点目は、事業別WACCの算出方法である。ファイナンス理論上のあるべき事業別WACCの算出方法は、ファイナンス界隈では周知となっている一方で、その限界があるのも事実であり、実務上はさまざまな算出方法が存在する。

　3点目は、事業別WACCを上回るROICを上げることが本当に連結WACCを上回ることにつながるのか、という点である。算出方法次第ではあるが、連結WACCと事業別WACCはそれぞれが独立して算出され、必ずしも関連づけられていないことも多い。本社にかかる資本コストについても検討が必要なのである。

　最後に、事業別WACCとハードルレートが混同して使用されることが多いという点である。両者は本質的には同じ趣旨ではあるものの、厳密には意味するところが異なる。両者の違いについても整理が必要であろう。また、ハードルレートには事業固有のリスクを上乗せすることがあり、昨今ではESGリスク調整後のハードルレートの設定を検討する企業もある。

（1）事業別 WACC 適用の可否とビジネスモデル

　企業価値の向上は、ROIC から WACC を控除した ROIC Spread が持続的にプラスになることで実現される。ROIC Spread はリターンを意味しているが、厳密にいえばリスク調整後のリターンである。

　「リスク調整後」とは、「事業リスクに見合った」という意味である。事業によって当然リスクは異なる。評価の基準となる WACC に事業リスクが適切に反映されていなければ、正しくリターンを評価することはできない。

　WACC は、株主資本コストを構成する β（ベータ）と資本構成（D/E レシオ）に事業特性を織り込んでいる。β は、ベンチマークとする市場を代表する株価指数（日本株の場合は TOPIX）に対する感応度を表しており、その感応度の高低に事業リスクが反映されている。実際の財務構成は企業によって違いはあるが、業種によっておおむね類似した財務構成であるという前提に立てば、D/E レシオが事業ごとの財務リスクを表しているといえる。

　このようなリスクの考え方をもとに、自社が抱える各事業のリスクが連結グループ全体のリスクと実質的に同じといえるか否かが WACC を事業別に適用するかどうかを検討する際の出発点となる。大手総合化学企業のように、化学とヘルスケアなど、明らかに事業体が異なる場合には、事業別 WACC の設定に異論を挟む余地は少ない。ただし、そうでない場合には、以下の観点を踏まえて事業ごとのリスクプロファイルを検討するのがよい。

a. 事業ごとの ROIC—ROIC の水準が大きく異なる場合は、事業リスクが異なる可能性がある。
b. 営業利益の変動性—利益の変動性のバラツキが大きい場合は、事業リスクが異なる可能性がある。
c. 資本集約型・非資本集約型—資本を多く使う事業とそうでない事業は根本的にビジネスモデルが異なり、事業リスクも異なる可能性がある。
d. キャッシュプロファイル—キャッシュの回収に要する期間や季節変動性の影響が異なる場合には、事業リスクが異なる可能性がある。
e. 事業別 D/E レシオ—事業ごとに資本・負債を割り当てていることが前提ではあるが、事業ごとの必要資本の水準が異なる（＝ D/E レシオが異なる）場合は、事業リスクが異なる可能性がある。

　これらの項目は相互に関連する部分も多いが、何かしら当てはまる項目がある

場合には事業リスクが異なり、事業別にWACCを設定した方がよい可能性がある。

　一方で、事業別WACCの設定には及び腰になる企業も多い。その理由は大きく、以下の2点が考えられる。

　1つ目の理由は、事業別WACCの算出過程に納得感が得られない、という点である。具体的な算出方法は後述するが、事業別WACCの算出には同業他社をベンチマークとするケースが一般的である。そもそもapple to appleで比較できる事業が多くない中、同業他社比較をベースとした算出方法に納得感が得られない場合が多い。

　もうひとつの理由は、心理的な抵抗である。同じ企業であるにもかかわらず、「なぜA事業のWACCはB事業のそれよりも低いのか」という発言が代表的なものである。なぜ事業によってWACCに差異が生じるのか、そもそも理解・納得ができないという主張である。

　後者の理由は、資本コストに対するリテラシーの問題に起因することが多い。なぜ資本コストを意識した経営が必要なのか、ROICを導入する意義は何なのかという点が社内に十分浸透していないがゆえに生じる事象である。また、事業別WACCを設定する事務局側がその必要性を十分に説明できていないケースも見受けられる。こうした企業では、経営トップにWACCを設定する意義自体が十分浸透していないケースが多いため、事業別WACCの導入前に、まずはマネジメントレベルに資本コストを理解させ、浸透を図るべきである。

(2) 事業別WACCの設定方法

　事業別WACCについては、ファイナンス理論上のあるべき算出方法が存在する。一方で、その算出方法の特徴から実務上の展開が困難という見方もあり、近年では異なる方法で算出するケースも見られる。算出方法の優劣はなく、納得感が得られるか否かがポイントである。本書では、事業別WACCの算出方法として以下の方法を紹介する。

　①アンレバードβからの算出
　②事業別D/Eレシオからの算出
　③ROICの標準偏差からの算出
　④その他算出方法

①アンレバードβからの算出

この手法は、最も一般的、かつ、ファイナンス理論として最も広く認知されている。

WACC は、株主資本コストと負債コストの加重平均で算出される。WACC を構成する要素のうち、事業リスクは株主資本コストに織り込まれているとみなして算出する（**図表5-3-1**）。

算出手順は以下のとおりである。

ⅰ. 同業他社の選定
- 事業別 WACC の算出対象となっている事業について同業他社を選定する。同業他社は、上場企業の中から抽出する。

ⅱ. 同業他社のβの算出
- 選定した同業他社のβを算出する。算出期間などは、連結の株主資本コストを算出する際に使用したβと一致させる（60 か月、週次ベースなど）

ⅲ. 同業他社のβのアンレバード化
- βには、事業リスクと財務リスクの双方が織り込まれている。財務リスクを除外し、事業リスクのみを算出する。財務リスクは、当該企業のD/E レシオを以下の算出式を用いて除外する。この工程をアンレバード化という。

$$\beta\mathrm{U} = \beta\mathrm{L} \div (1 + (1-\mathrm{t}) \times \mathrm{D/E})$$
βU：アンレバードβ　　　βL：レバードβ　　　t：実効税率

ⅳ. アンレバードβの平均値の算出
- アンレバード化したβは、理論上事業リスクを表している。同業他社のアンレバードβの平均値を算出することにより、事業リスクを平準化したβを導出する。（平均値の他に中央値や分位数を使用する場合もある）

ⅴ. 上記ⅳ. で算出したアンレバードβのリレバード化
- アンレバードβに再び財務リスクを反映することによりβを算出する。財務リスクの反映は、以下の算出式に基づいてアンレバードβに D/E レシオを乗じることにより算出する。

図表 5-3-1 アンレバード β からの事業別 WACC 算出例

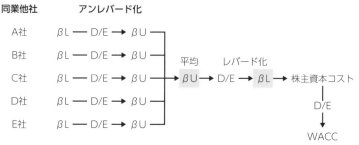

βU：アンレバード β　　βL：レバード β

出典：筆者が作成

$$\beta L = \beta U \times (1 + (1-t) \times D/E)$$

βL：レバード β　　　βU：アンレバード β　　　t：実効税率

　なお、ここで使用するD/Eレシオにはさまざまな考え方があり、以下の
パターンが存在する。

パターン1：財務リスクは連結全体で負うという考え方に基づいて、連結ベ
ースのD/Eレシオを使用する。本来的には、最適資本構成の方針に基づく
D/Eレシオが使用されるべきである。

パターン2：同業他社のD/Eレシオの平均値を使用する。業種ごとの財務構
成はおおむね近似するはずであるという見方から、同業他社のD/Eレシオ
を使用する。

パターン3：事業ごとに算出するD/Eレシオを適用する。これは、事業別に
資本・負債を割り当てていることが前提となる。

　実務上は、パターン1もしくはパターン2が適用されるケースが多い。連
結WACCとの結節点や、財務リスクは連結全体で負うという観点からは、
パターン1が最も適切であるが、最適資本構成の方針を設けていない企業も
多く、実態としては直近のD/Eレシオを適用せざるを得ないケースが多い。

vi．上記 v. の β を用いた株主資本コストの算出
　　・CAPM[10]を用いて株主資本コストを算出する。リスクフリーレートおよ
　　　び株式リスクプレミアムは、連結ベースの株主資本コストを使用する。

ⅶ. 上記 ⅵ. で算出した株主資本コストと負債コストを D/E レシオで加重平均
　　　　均
　　　• 株主資本コストおよび負債コストから WACC を算出する。ここで適用
　　　　する D/E レシオは、上記 ⅴ. に倣う。負債コストは、事業別に算出して
　　　　いる場合を除き、連結ベースの負債コストを活用する。

　この手法では、同業他社を比較対象として事業別 WACC を算出しているが、前述のとおり、今日において apple to apple で比較できる企業がきわめて少ないのが論点である。企業ごとの比較が困難であればセクター平均を用いる手法もあるが、それはそれで幅広い企業が対象に含められることでリスクが中立化してしまう（市場平均に近似してしまう）。また、セクター平均は、企業規模の大小が勘案されないことが多く、本来比較対象とすべきでない小規模企業のアンレバードβが強く反映されてしまうといったことも起こり得る。

　こうした問題点を解消するために、比較対象とすべき事業や製品を擁する企業を抽出したうえで、当該事業や製品の売上高、判明しなければそれらが属するセグメントの売上高を加重平均してアンレバードβを算出するという方法がある。比較可能性の問題を完全に解消することはできないにせよ、事業リスクを反映しやすくなる点、売上規模が反映される点で、関連性の低い企業のβによる歪みもある程度は抑えることができる。

　こうした問題点があることから、アンレバードβを用いた事業別 WACC の算出手法には納得感がない、という意見もあるが、背景にファイナンス理論があることもあって理論的に説明しやすく、最終的に採用するか否かは個別に判断するにしても、一度はこの手法に基づいて試算する企業は多い。ただし、実務上は、より企業の実態を表すべく他の手法をとるケースも出てきている。

②事業別 D/E レシオからの算出

　この手法では、事業ごとの D/E レシオをベースとして事業別 WACC を算出する。事業ごとにリスクは異なり、必要資本は金額のみならず構成比も変わり得る。この D/E レシオの差異を用いて事業リスクを反映するのがこの手法の特徴である。

---

10 CAPM（Capital Asset Pricing Model, 資本資産価格モデル）。株主資本コストを「リスクフリーレート＋β×株式リスクプレミアム」によって算出するファイナンスのフレームワーク。株主資本コストの考え方については前著『ROIC 経営』を参照されたい。

この手法の採用は、事業ごとに資本と負債が割り当てられていることが前提である。事業ごとに資本と負債を割り当てている日本企業はきわめて少数派であるが、総合リスク管理の一環として総合商社や大手リース会社などが事業別に資本・負債を管理したり、一般事業会社でもアセットクラスごとのリスク率をベースに資本・負債を割り当てたりしている（この手法は、最適資本構成の事業リスクアプローチと実質的に同じである。詳細は、前著『ROIC経営』を参照されたい）。

　この手法に基づく事業別WACCの具体的な算出手順は以下のとおりである（図表5-3-2）。

- i. 事業ごとの必要資本とD/Eレシオを算出する
  - 必要資本は、総合リスク管理やアセットクラスごとのリスク率などから算出する。総資産から必要資本と買入債務を控除した部分が事業ごとの有利子負債になる。

- ii. 上記i.で算出したD/Eレシオを基にWACCを算出
  - 事業ごとのD/Eレシオに基づいて株主資本コストと負債コストを加重平均し、WACCを算出する。ここで使用する株主資本コストと負債コストは連結ベースのものを使用する。

　この手法の最大のハードルは、やはり事業ごとに資本・負債を割り当てることにあろう。日本企業の多くはROICの導入を契機としてようやくBSに目を向け

図表 5-3-2　事業別 D/E レシオを使った事業別 WACC 算出例

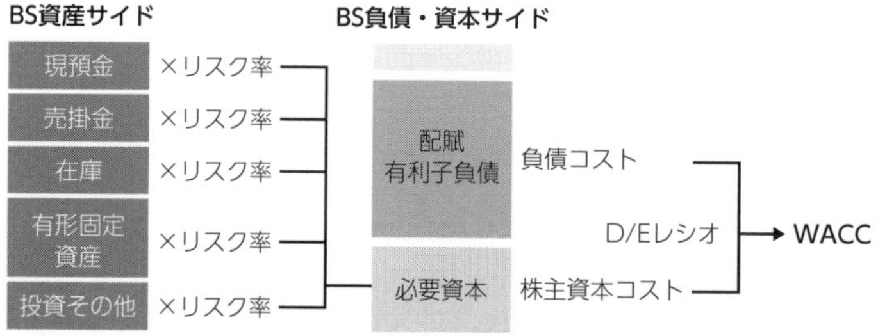

出典：筆者が作成

始めたばかりである。しかも、事業別ROICが着目するのは資産側であり、資本・負債の構成も含めて事業部門がBSを意識して事業運営を展開していくためには乗り越えるべきハードルも多い。資本・負債の計算方法についても高い財務リテラシーが求められる。

事業別WACCの算出だけを目的として事業ごとに資本・負債を割り当てるという考え方も成り立たないわけではないが、本来のあるべき手順としては、事業ごとに資産のみならず資本・負債も含めてBSを管理するその先に事業別WACCの議論になるのが筋といえる。したがって、この事業別WACC算出の手法は、BS管理が浸透して初めて機能する手法ともいえよう。

なお、株主資本コストは連結ベースのものが使用されるケースが多いが、さらに事業リスクを反映することも可能である。その場合には、前述した ①アンレバード β からの事業別WACCの算出手法に倣って株主資本コストを算出する。ただし、ここまで反映しようとすると、事業別WACCの算出工程がさらに複雑化するため、連結の株主資本コストを活用するケースが一般的であろう。

③ROICの標準偏差からの算出

この手法では、同業他社との比較に依拠することなく、事業別ROICの変動性（標準偏差）の大きさをリスクと定義し、その変動性に応じた事業ごとのリスクプレミアムを反映した事業別WACCを設定する。

この手法は、連結ROICの標準偏差を連結グループ全体で負っている事業リスクとみなすという発想法を出発点としている。例えば、連結グループの過去10年間の平均ROIC 5％に対して標準偏差（1σ）が2％の企業があったとしよう。この企業は1σの範囲で見れば、悪い時にはROICが3％に落ち込むということである。つまり、＋2％のROICを常に稼ぐことができれば、仮に業績が落ち込んだとしてもROIC 5％は維持できる、という発想に立つ。

換言すれば、この＋2％が加算すべきリスクプレミアムと見ることができる。各事業は、この＋2％を上限に、各々の事業リスクに見合う追加のリスクプレミアムを負うべき、というのがこの事業別WACCの考え方である。

具体的な算出手順は以下のとおりである（**図表5-3-3**）。

i. 連結グループのROICの標準偏差を算出する
- まずは、グループ全体のROICの平均値および標準偏差を算出する。算出期間はあらかじめルールを設定しておく。事業サイクルが一巡する期間（例えば5年）として過去データのみを活用するケースや、事業計画

図表 5-3-3　ROIC の標準偏差に基づく事業別 WACC 算出例

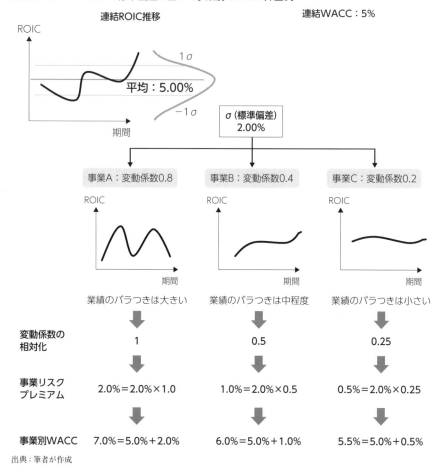

出典：筆者が作成

まで織り込むケースもある。事業計画は楽観的な数値となっていること
が多く、事業計画だけに依拠することはしない。例えば、過去5期＋将
来2期などと設定する。

ⅱ. 各事業の ROIC の標準偏差を算出する
- グループ全体と同様に、各事業の ROIC の平均値とその標準偏差を算出
  する。計測期間もグループ全体との整合性が必要である。

ⅲ．各事業の ROIC の標準偏差を相対化する

- 標準偏差は平均に対するブレ幅であり、規模として算出される。ROIC の水準がそもそも異なる場合には、標準偏差をそのまま使用することはできない。事業間で比較できるように上記ⅱ．で算出した事業別 ROIC の標準偏差の変動係数（標準偏差÷平均値）を算出する。これにより、事業ごとの ROIC の変動性を比較することが可能となる。変動係数が高いということは、それだけ ROIC の変動性が高い、つまり相対的にリスクが高いことを意味している。

ⅳ．事業別 ROIC の変動係数を相対化する

- 上述ⅲ．で算出した事業別 ROIC のうち、最も変動係数の高い事業を 1 とみなし、他の事業を相対化する。例えば A 事業の変動係数が 0.8 で最も高く、B 事業の変動係数が 0.4 であった場合、事業 A は 1、事業 B は 0.5 となる。

ⅴ．事業リスクプレミアムを算出する

- 上記ⅳ．で相対化した数値に対して連結 ROIC の標準偏差を乗じる。例えば連結 ROIC の標準偏差が 2％であったと仮定した場合、事業 A は 2％×1＝2％、事業 B は 2％×0.5＝1％となる。この値を事業ごとのリスクプレミアムとみなす。

ⅵ．事業別 WACC を算出する

- 連結の WACC に事業リスクプレミアムを加味し、事業ごとに WACC を求める。連結の WACC が 5％であった場合、事業 A は 5％＋2％＝7％、事業 B は 5％＋1％＝6％となる。

　この手法の特徴は、アンレバード β を活用した手法と異なり、同業他社の状況に大きく依存することなく、自社の ROIC の変動性をベースに事業別 WACC を設定できる点である。一方で、以下の点を踏まえておく必要がある。

　1 点目は、この手法が成立する前提として、連結グループの ROIC が WACC と同等、もしくはそれを上回っている必要がある。連結グループの ROIC の平均値や標準偏差を取ったところで、そもそも連結 ROIC が WACC を下回っているの

であれば、事業リスクプレミアムを乗せたとしても企業価値を毀損していないという保証はない。

2点目は、この手法は必ずしも伝統的なファイナンス理論による裏付けが高くないという点である。標準偏差等を求めていることから、ファイナンス理論を応用しているのは事実であるが、アンレバード β から事業別 WACC を算出する手法のように、過去の株価動向等から計測できる β やリスクプレミアムをベースとして算出しているわけではない。

株主資本コストや WACC は、どのような手法を用いてもさまざまな前提を置いて算出されるもので結局のところ完璧な解はなく、必要なのは経営の意思であるというのも事実である。さまざまな方法とそれに付随する特徴や限界を認識しつつ、自社が死守すべきラインとしての事業別 WACC を納得感のある方法で設定するのが重要なのではないだろうか。

④その他算出方法

上記で紹介した手法の中では①が最もオーソドックスである。②の手法はファイナンス理論上の妥当性は高いが、事業別の D/E レシオを算出するハードルが高い。③の手法は、①②のアプローチとは異なるものの、自社のリターンの変動性に着目しつつ、ファイナンスの考え方も応用した手法ということができる。

これら以外の方法として、各事業の同業他社 WACC や ROIC の平均値をとる方法、営業利益やその他業績指標の変動性をベースに事業別 WACC を設定する方法もある。本書ですべての手法を取り上げることはしないが、いずれかひとつの手法に依拠するのではなく、特に導入の初期段階ではできる限り複数の方法で事業別 WACC を算出し、多面的に検証することが重要である。

(3) 連結 WACC と事業別 WACC の整合性

ここまで、さまざまな事業別 WACC の算出方法を見てきた。しかしながら、今まで見てきた手法では、必ずしも連結 WACC と事業別 WACC が整合していない点にお気づきだろうか。関連する要素があるのは事実であるが、連結 WACC と事業別 WACC は個々の方法で算出されており、必ずしも整合性をもって算出されているわけではない。各事業が事業別 WACC を上回る ROIC を達成したとしても、必ずしも連結 ROIC が連結 WACC を上回るとは限らないのである。

事業別 WACC と連結 WACC の整合性を図るためには、事業別資本コスト額の合計が連結資本コスト額を上回っているか、本社 BS にかかる資本コストをどう配賦するか、の2点について検証する必要がある。

①事業別資本コスト額合計が連結の資本コスト額を上回っているか

資本コスト額は、投下資本にWACCを乗じることによって算定することができる。事業ごとの投下資本にWACCを乗じることによって事業別の資本コスト額を算定し、その合計値を算出する。連結についても同様に、投下資本にWACCを乗じることで連結の資本コスト額を算出する。

連結資本コスト額が事業別資本コスト額合計を下回っていれば、両者は整合しているといえる。これは、すべての事業が自部門にかかる資本コストを満たすROICを達成することができれば、連結の資本コスト額を賄うことができるということを示している。

逆に、連結資本コスト額＞事業別資本コスト額合計となる場合には、事業部門が資本コストを賄うに足るROICを達成したとしても、連結ベースでは企業価値を毀損する可能性があることを示唆している。このようなケースでは、事業別WACCが連結WACCよりも低く設定されている場合や、本社の投下資本に要している資本コストが全く勘案されていないことが想定される。

こうした場合には、資本コスト額の不足分を各事業部門に配賦する必要がある（図表5-3-4）。

図表5-3-4　連結資本コスト額＜事業別資本コスト額合計の検証

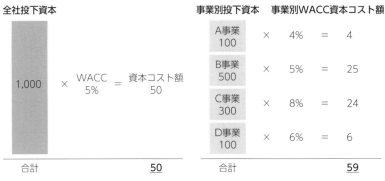

□ 事業別資本コスト額合計が連結資本コスト額を上回っていれば連結WACCと事業別WACCは整合的
□ 資本コスト額が不足している場合には事業部に配賦する必要がある

出典：筆者が作成

②本社 BS にかかる資本コストをどのように配賦するか

　事業別に BS を分割する際には、事業に紐づかない本社資産が必ず発生する。具体的には、本社機能遂行のために必要な本社ビルや事業部には配賦されない現預金、事業部には必ずしも紐づかない政策保有株式などである。忘れてはならないのは、本社資産にも資本コストを要しているということである。事業別WACC の設定に当たっては、この本社の存在が見過ごされてしまうことが多い。本社部門の資本コストは、事業部で稼ぐか、あるいは余剰となっている本社資産を売却するなどしない限り、ROIC Spread の拡大は難しくなる。前者の場合、本社部門の資本コストを事業部に配賦する必要がある。

　本社部門の資本コストを事業部へ配賦するには 2 つの方法がある。ひとつは、事業部の売上規模に応じて配賦する方法、もうひとつは事業部の投下資本の規模に応じて配賦する方法である。

　資本コストは投下資本に連動して発生するコストであるという点を勘案すれば、投下資本の規模に応じて配賦するのが最も理にかなっている。一方で、事業ポートフォリオが資本集約型と非資本集約型のビジネスで構成されている場合に投下資本に基づいて資本コストを配賦すると、資本集約型ビジネスにより多くの資本コストが配賦されてしまう。資本集約型ビジネスは ROIC が低い傾向があり、この配賦方法によれば ROIC の低下にさらに拍車をかけてしまう。このような場合は、投下資本ではなく、売上高に応じて配賦する方が合理的であることが多い。

　本社の投下資本の多寡にも注意が必要である。例えば、多くの余剰現預金や政策保有株式を抱えている場合に、これらを事業部に配賦すれば事業リスクの実態よりも多くの資本コストが配賦されることになりかねない。これは、最適資本構成を含む BS マネジメントが本社部門に有効に機能していないがゆえに起こる事象であり、連結全体の事業実態に比して余剰資産や事業と直接関係のない資産を抱えすぎということがいえる。このようなケースでは、本社にかかる資本コストを機械的に配賦するのではなく、本社の BS マネジメントを強化するのが先決である。

　連結 WACC と事業別 WACC の整合性という観点からいえば、連結資本コスト額が事業別資本コスト額合計を下回っているという状況は、本社部門に要している資本コストを結果的に賄うことができていることを意味している。このままでも問題はないが、本社部門に要する資本コストを明示的に事業部に負担させるという意識づけの観点から、本社部門の資本コストを事業部に配賦するプロセスを

設けるのも一案である。

⑷ ハードルレートと事業別 WACC

　ハードルレートと事業別 WACC の違いについて整理しておきたい。両者はエッセンスが同じであるがゆえに混同して使用されることも多いが、その内容や用途、意図するところが完全に異なるため、その差異を明確にしておく必要がある。

　エッセンスが同じであるとは、両者とも事業が稼得すべきリターンの最低水準を意味している点である。このリターン水準を満たすことができなければ、そもそも企業価値は向上しない。

　しかしながら、ハードルレートと事業別 WACC は明確に異なる。事業別 WACC は、事業が達成すべきリターンの最低水準を指す。これを下回れば、当該事業は企業価値を毀損しているのである。その意味で、事業別 WACC はその事業が死守すべき最低限の水準を示しているということになる。

　一方で、ハードルレートは、事業別 WACC ＋ α の意味合いを持つ。この「＋ α」の部分は、2 つの意味合いを持つ。

　ひとつは、投資案件固有のリスクを調整するという意味合いである。固有のリスクの代表的なものとしては、投資している国のカントリーリスクやパートナーリスク、既存・新規事業のリスクなどが挙げられる。これらは事業別 WACC に追加で上乗せされるリスクプレミアムであり、事業の評価というよりは、当該事業が投資を実行するに当たって使用する期待収益率としての意味合いが強い。

　もうひとつは、事業別 WACC に対する経営者リスクプレミアムという側面である。経営者リスクプレミアムは、事業別 WACC に加えて経営者が追加で求めるリターンという意味合いがある。経営者として株主の期待を満たすためには WACC 以上のリターンを求める場合がある。また、株主資本コストは厳密には株価の動きに応じて毎期変動するため、事業別 WACC も毎期多少の上下が発生する。一方で、毎期 WACC を変更するのは投資実務の観点から現実的ではない。毎期の WACC の変動性を吸収できる程度で WACC を調整する目的から、経営者リスクプレミアムを加算するという考え方もある。

　実務上、日本では WACC の端数調整の観点も含めて事業別 WACC を調整することが多い。例えば、事業別 WACC の初期算定結果が 5.26％であった場合に、6.00％などキリの良い数値に WACC を切り上げるという塩梅である。

　一方で欧米企業では、経営者が株主の期待を満たすために意図的にリスクプレ

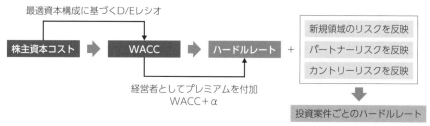

図表 5-3-5　WACC とハードルレートの関係

最適資本構成に基づくD/Eレシオ

株主資本コスト ➡ WACC ➡ ハードルレート ＋

新規領域のリスクを反映
パートナーリスクを反映
カントリーリスクを反映

経営者としてプレミアムを付加
WACC＋α

投資案件ごとのハードルレート

出典：筆者が作成

ミアムを上乗せするケースが多く見られる。例えば、仮に WACC が 6％であったとしても、ハードルレートは 12％として高いリターンを求めるようなケースである。事業ポートフォリオ評価に基づく選択と集中が進む欧米企業では、事業別 WACC を設定する意味合いはそもそも少なく、単一の WACC やハードルレートが使用されることも多いが、これだけの経営者リスクプレミアムが加算されていれば多少の事業別 WACC の差異はすべて経営者リスクプレミアムに吸収され、事業別に WACC やハードルレートを変えること自体必要がなくなる。

　日本企業には、欧米企業のように経営者リスクプレミアムを大胆に上乗せすることを敬遠する意見も多く聞かれるが、このようなリターンについての考え方の差が、事業ポートフォリオの組換えや ROE の差として表れているのではないだろうか（図表 5-3-5）。

(5) ESG リスク調整後ハードルレート

　最後にハードルレートと ESG の関係について取り上げたい。ハードルレートには、事業別 WACC では捉えきれないリスクを加味することによって、リスクとリターンが均衡するような投資を促す目的がある。そのリスクのひとつとして、ESG リスクを上乗せすべきか否かといった論点がある。

　事業ポートフォリオ評価において ESG リスクをどのように勘案すべきかという点については第 2 章でも述べた。ESG リスクが高い事業は、事業ポートフォリオの転換を通じて ESG リスクを低減させていく必要がある。ESG リスクが高い事業のハードルレートは高めに設定し、投資する以上は相応のリターンを求めるという経営者としてのスタンスが必要ともいえる。

　ESG の評価、それ自体はいまだ黎明期にあることもあって、ESG 格付間で評

図表 5-3-6　ESG 格付と株主資本コスト

市場ではESGリスクに対する経営管理の巧拙がリスクプレミアムという形で株価に織り込まれている。ESG格付が低い（＝ESGリスクが高い）企業ほど、株主資本コストは高くなる傾向がある。

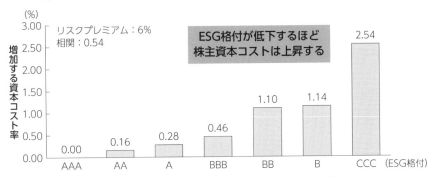

出典：加藤康之編著 (2018)『ESG 投資の研究　理論と実践の最前線』P.309 を元に筆者が作成。

価の相関性が見られないなどといった問題点も指摘されている[11]。ただし、ESGリスクをうまくコントロールできている企業は中長期的にリターンを上げる可能性が高いという意見も株式市場を中心に多く見られるようになってきた。また、ESG 格付が悪化するにつれて市場に織り込まれているリスクプレミアムも高くなるという分析結果も見られるようになってきた（**図表 5-3-6**）。

　これは、ESG 格付が悪化すればするほど市場は追加的にリスクを織り込んで株価を形成している、ということを示唆している。投資に当てはめれば、ESGリスクが高い企業ほど、ハードルレートを引き上げて投資のリターンを評価しない限り、投資評価の経済合理性に妥当性を見出すことが難しい、ということがいえる。

　この問題意識もあって、ESG リスク調整後ハードルレートの設定を検討する必要があると考える企業も徐々に増えてきている。

　下記は、第2章で取り上げた ESG リスクの指数化をベースとして ESG リスク調整後ハードルレートを加算する方法の一例である（**図表 5-3-7**）。

---

11 現状では ESG 格付機関による評価のばらつきが多く、相関関係がみられないと言われる。例えば、MSCIの ESG 格付は高評価であったとしても、FTSEは低評価ということが統計的にも観測されている。GPIF の ESG 活動報告が詳細に分析している。（年金積立金管理運用独立行政法人（GPIF）「ESG 活動報告 2020 年度」2021 年 8 月 20 日発行）

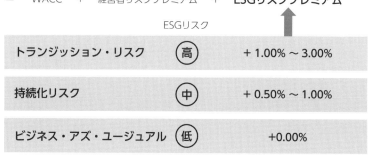

図表 5-3-7　ESG格付と株主資本コスト

ESGリスクプロファイルによってESGリスクプレミアムを付与するケース

ESGリスク調整後ハードルレート
＝　WACC　＋　経営者リスクプレミアム　＋　**ESGリスクプレミアム**

ESGリスク

トランジッション・リスク	高	＋ 1.00％ ～ 3.00％
持続化リスク	中	＋ 0.50％ ～ 1.00％
ビジネス・アズ・ユージュアル	低	＋0.00％

※数値は例

出典：筆者が作成

　ESGリスクの「E」に着目してハードルレートを設定する方法もある。脱炭素への取組みがもはや必須となっている現在の経営環境に加え、それが「S」と「G」に比べて定量化しやすいという側面もこの方法を後押ししている。

　投資案件を Green と Brown に区分し、Green には 1.0％、Brown には 2.0％というように、「E」のリスクの度合いに応じてリスクプレミアムを加算する企業も出てきている（**図表5-3-8**）。

　ESG全体を評価するにしても「E」のみに特化するにしても、ESGリスク調整後ハードルレートを導入するに当たっては、下記の論点について整理する必要がある。

- ESGリスク調整後ハードルレートは、ベースとなる WACC に ESG リスクが織り込まれていない場合に限って活用することができる。市場は何かしらESGリスクを株価に織り込んでいることが多く、ESGリスクプレミアムがダブルカウントとなる可能性を完全には排除できない。

- インターナルカーボンプライシング（ICP）等を別途導入する場合には、ESGリスクプレミアムは加算しない方がよい。ICP等とESGリスクプレミアムとでダブルカウントが発生し、ハードルレートがビジネスの実態と比べ

図表 5-3-8　Green / Brown 案件とリスクプレミアム設定例

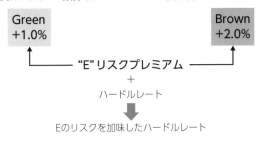

出典：筆者が作成

て高リスクと評価されてしまう可能性がある。

- 投資基準に ESG ファクターを加味している場合には、定性評価・経済性評価の両面でリスクを織り込むことになる。ESG ファクターが明示的に投資基準に加味されているのであれば、定性評価で投資テーマ・国別リスクはすでにカバーされている可能性がある（カバーすべきである）。

　ESG リスクをどのように定量化し、事業ポートフォリオ評価や投資評価に織り込むかはまだ議論それ自体が緒に就いたばかりで、今後さまざまな形で議論が発展していくと想定される。ESG は、もはや経営から切り離すことができない。コーポレートガバナンス・コードが求めるサステナビリティに関する基本方針を実践する一環として、ESG リスク調整後ハードレートについても検討を進めていくべきであろう。

第 6 章

事業ポートフォリオの
経営管理体制

1. 経営管理プロセスにおける事業ポートフォリオ評価の位置付け

(1) 事業ポートフォリオ評価のイベント化リスク

　事業ポートフォリオ評価はそれ単独で実施するのではなく、経営管理プロセスに組み込んでこそ初めて機能するが、事業ポートフォリオ評価を特別視し、経営管理プロセスの中にまで十分に組み込めていない企業も多いのが現状である。

　よくみられるのは、事業ポートフォリオ評価が中期経営計画策定時のイベントになっているケースである。日本企業の中期経営計画のサイクルは、おおよそ3年である。3年に1回、中期経営計画の策定に際して事業ポートフォリオ評価を実施するが、その後は計画最終年度まで振り返ることなく、実質的にイベント化してしまっているケースがよく見受けられる。

　もちろん、事業ポートフォリオ評価の旗振り役を担う担当部門（主には経営企画部門）が最初から中期経営計画策定時のイベントとしてこれを推進しようとしているのではない。継続的かつ動態的に事業ポートフォリオ評価を実施することの必要性を認識しつつも、それができていないのは以下の理由が考えられる。

- 事業ポートフォリオの評価指標として何を継続的に使用するのかが意思決定できていない。

　　事業ポートフォリオの評価には、第2章でもみたとおり、財務評価と事業性評価の2つの切り口がある。財務評価は、ROICなどの数値がベースとなっているため議論の余地は少ないが、事業性評価は複数の指標が組み合わさっていることもあり、更新も一筋縄ではいかないケースもままみられる。特に、特殊な市場のデータなどを使用している場合には、その数値の継続的な入手が足枷になることもある。また、事業性評価には定性判断を伴うものも多い。誰がどのような判断軸で事業ポートフォリオ評価を更新するのかが決まっていないこともある。

- 事業ポートフォリオ評価の実施主体が曖昧になっている。

　　事業ポートフォリオ評価は、経営企画部門を中心とするCFOやCOOラインの部門が所管するのが一般的である。一方で、事業ポートフォリオ評価の実施段階では、現場を積極的に巻き込むために、事業部門を関与させるケースがある。

　しかしながら、事業部門と本社の明確な役割分担がなされている企業は少数である。事業ポートフォリオ評価に使用する評価指標は誰が更新するのか、どの部門がデータを取得するためのコストを負担するのか等も曖昧になっていることが多い。

　事業ポートフォリオ評価は、時として事業の撤退や縮小といった判断につながることもある。当事者になる可能性がある事業部門からすれば、本質的に本社に協力するというインセンティブが湧きにくいものである。

- 事業ポートフォリオ評価をどのように使用するのかが曖昧になっている。

　事業ポートフォリオ評価は、本来は選択と集中を促すための評価ツールであるはずであるが、事業ポートフォリオを評価するところまでは行っても、その後のプロセスが曖昧なために、結局選択と集中のアクションにまで至らないケースもみられる。このような状況に陥ると、事業ポートフォリオを評価する意義が失われ、評価プロセスそれ自体の形骸化を招いてしまう。

　日本企業の多くは事業ポートフォリオ評価に取り組み始めたばかりで、まだ手探りの状態にあるのが実態であろう。しかしながら、先の事例が示しているのは、事業ポートフォリオ評価が経営管理プロセスの一環として組み込まれていないがゆえに、中期経営計画策定時のイベントと化す一因になっているという点である。

(2) 経営管理プロセスと事業ポートフォリオ評価

　経営管理プロセスにおいて事業ポートフォリオ評価をどう位置付けるべきなのか。その考察を推し進めるためには、まず、企業の経営管理プロセスの全体像を俯瞰することから始める必要がある。

　図表6-1-1は、経営管理プロセスの実施項目（横軸）とそのプロセス（縦軸）をマッピングしたものである。

　実施項目に示すとおり、日本企業の多くは、向こう3年の活動計画である中期経営計画に加え、1年間の活動計画として事業計画を策定している。特に事業計画は、予算化された数値責任を事業部が負うため、きわめて綿密に策定されるのが一般的である。

　策定された計画を運用に移すに際しては、経営管理上明確なプロセスが設けられている。具体的には、縦軸に示すとおり、a）立案→b）承認→c）実施→d）予

図表6-1-1 経営管理プロセスにおける事業ポートフォリオ評価の位置付け

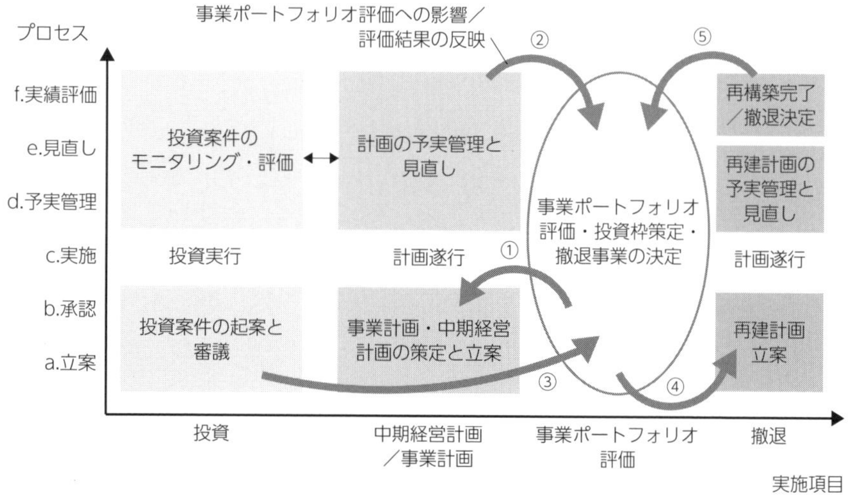

出典：筆者が作成

実管理→e）見直し→f）実績評価という6段階のプロセスを整備し、このサイク
ルを運用する。

　中期経営計画・事業計画は、いずれもその実行には投資がつきものである。計
画の実行に当たって、いつ・どのくらいの投資を実施するかは、中期経営計画や
事業計画とセットともいえる。投資についても同様に6段階の社内プロセスを経
るのが一般的である。

　事業ポートフォリオ評価は、以下に示すとおり、これらの計画・投資にかかる
プロセスと関連付けておかなければならない（番号は**図表6-1-1**に対応）。

【中期経営計画／事業計画】
　①現在の事業ポートフォリオを評価したうえで、これを将来どのように組換え
　　ていくか、経営の方向性を打ち出し、中期経営計画や事業計画に落とし込
　　む。
　②中期経営計画・事業計画を遂行した結果を踏まえ、事業ポートフォリオを再
　　評価する。

152

【投資】

③短期のみならず、中長期に発生する可能性のある投資計画を棚卸し、事業ポートフォリオ評価に織り込む。

【再構築・撤退】（事業計画とは別プロセスで進める場合）

④事業ポートフォリオ評価の結果として、再構築・撤退の見極めが必要となった事業については、再生計画の立案・遂行に移行する。

⑤再構築プロセスの完了／事業からの撤退を事業ポートフォリオ評価に反映する。

この①～⑤のサイクルを回すことにより、事業ポートフォリオ評価は事業計画や中期経営計画と常にシンクロさせることができる。その前提として、事業ポートフォリオ評価を実施する手順それ自体を定めておく必要がある。

(3) 事業ポートフォリオ評価と評価サイクルの構築

事業ポートフォリオ評価とそのサイクルを回していくためには、具体的な手順の構築とそれを実施する事務局が必要である。事務局は、経営企画部門もしくはCFOラインのコントローラーが担うのが一般的である。具体的に定めるべきポイントは、①事業ポートフォリオの評価方法の決定、②事業ポートフォリオの現状評価とあるべき姿の検証、③事業ポートフォリオの評価サイクルの3点である。

①事業ポートフォリオの評価方法の決定

まずは、事業ポートフォリオをどのように評価するのか、その方法を決定しなければならない。第2章で解説したとおり、事業ポートフォリオの評価方法には大別すると財務評価・事業性評価の2つがあり、これらの評価をどのように組み合わせるかがポイントとなる。

評価軸の設定に当たっては、事業ポートフォリオ評価を継続的に実施できるように配慮することも重要である。評価軸が複雑化しすぎたり、取得が容易でないデータに依拠したりしていると、継続的な更新自体が困難になる。評価軸の設定は、評価時点における事業ポートフォリオの姿を継続的かつ正しく評価する土台を整備することにあるのであって、評価それ自体が目的化してはならない。そのためにも、評価項目を比較的容易にするだけでなく、継続的に取得可能なデータを基に構成するのが望ましい。

②事業ポートフォリオの現状評価とあるべき姿についての検証

　事業ポートフォリオ評価は、その現状の姿だけではなく、本来あるべき姿についても描く必要がある。

　まず、現状評価では、現在の事業ポートフォリオがどのように構成されているのかを俯瞰する。そのうえで、事業ポートフォリオの姿はどうあるべきかを協議し、方針を策定することが重要である。

　事業ポートフォリオのあるべき姿についての協議はハイレベルになるため、ともすれば空中戦になりやすい。それを避けるためには、現実と乖離しないための工夫が必要である。具体的には、以下に例示する観点で議論するのが一案である。

ⅰ．パーパス・経営ビジョンとの整合性

　現在の事業ポートフォリオが、パーパスや経営ビジョンと整合しているか否かを検証する。第1章で解説したとおり、パーパスや経営ビジョンは、いわば企業が持続的な経営を果たしていくための羅針盤であり、事業ポートフォリオの姿を決定するうえできわめて重要な要素である。

　また、近年の経営ビジョンは、経済環境や技術的変化、自社のコアコンピタンスを踏まえてバックキャスト思考で策定されるのが一般的である。単なるイメージでパーパス・経営ビジョンと事業ポートフォリオの整合性を評価するのではなく、その背景にある中長期的な経営環境の変化を念頭に議論するのがポイントである。その際には、以下に示す2つの点について検討する必要がある。

　ひとつはノンコア事業の有無である。事業ポートフォリオの評価サイクルの中で、収益性の低い事業は再構築／撤退検討対象となるが、利益が相応に出ている場合には、ノンコア事業であったとしても事業ポートフォリオの組換え対象にはなりにくい。ノンコア事業は、中長期的にコアコンピタンスが発揮されにくく、自社がベストオーナーではない事業である。また、このような事業はコア事業とのシナジーが生まれにくいという側面もある。パーパスや経営ビジョンと照らし合わせることでこうした事業の存在が浮き彫りになり、事業ポートフォリオをあるべき姿に近づける第一歩になるのである。

　もうひとつは、コア事業であったとしても今後十分にリターンを上げることができるか、もしくは中長期的にリターンが下がっていく可能性がないかという点である。事業ポートフォリオの評価軸は企業が任意に設定するものであるが、企業価値向上を目的とする以上、資本コスト以上のリターンが創出されていること

は大前提である。パーパスや経営ビジョン実現のためには、十分なリターンが現在創出されているかという点のみならず、将来においても創出が期待されるかという点も重要である。

ⅱ．ゴーイングコンサーンで見た事業ポートフォリオ

第1章で解説したとおり、パーパスは企業の存在意義ということもあって達成期限は設定しないものの、経営ビジョンについては達成期限を設定する企業も多い。企業によっても異なるが、経営ビジョンの達成期限を10年とした場合、中期経営計画が一般的に3年区切りである点を踏まえると、経営ビジョンは中期経営計画が3回転して実現する姿ということができる。

事業ポートフォリオ評価のあるべき姿を議論するうえで出発点となるのは、中期経営計画の最終年度において、その時点の事業ポートフォリオの姿を評価することである。そのためには、中期経営計画で設定しているPL、BS計画から各事業のROICがどのように導かれるかなど、財務評価の観点からみた事業ポートフォリオの将来像を押さえておくことが必須である。

さらには、3度目の中期経営計画における事業ポートフォリオの姿をシミュレーションすることも重要である。つまり、経営ビジョンの達成期限にわたって現在のビジネスが現状のままゴーイングコンサーンとして継続すると仮定した場合に、事業ポートフォリオの姿は経営ビジョンで描かれたイメージと合致しているのか否かを確認するのである。

ここでいう事業ポートフォリオは、あくまでも一定の仮定に基づいて10年後（さらにはその先）の事業ポートフォリオ像をイメージするためのものである。したがって、実態に即していないという指摘や、「絵に描いた餅」と揶揄する意見もあるであろう。このような批判は尤もであるが、既存事業を漫然と継続するだけで、長期的な視点で事業ポートフォリオを見つめ直すということを実施してこなかった企業が多いのもまた事実である。まずは足元の延長線上に見える事業ポートフォリオを客観的に把握し、それを土台にパーパス・ビジョンとの整合性を検討すれば、自社が強化すべき領域がどこなのかを定義するところから始められるはずである。

経営トップは、こうした議論を踏まえて事業ポートフォリオのあるべき姿を描かなければならない。ここで重要なのは、経営資源を重点的に配分すべき領域とそうでない領域について共通認識を醸成するということである。

なお、こうしたきわめてハイレベルな議論は、執行トップが実施すべきである。企業によっては、後述する事業ポートフォリオ会議を設定する場合もある。

③事業ポートフォリオの評価サイクルの展開

　あるべき姿の実現に向けた事業ポートフォリオの組換えを図っていくためには、その評価サイクルを定期的に回していかなければならない。また、評価の結果として、事業の新陳代謝を促す具体的なアクションにつなげていくことも重要である。

　ｉ．評価サイクル

　事業ポートフォリオの評価サイクルを回していくためには、**図表6-1-2**に例示する評価プロセスのルールを定めておくことが重要である。

図表6-1-2　事業ポートフォリオの評価サイクル

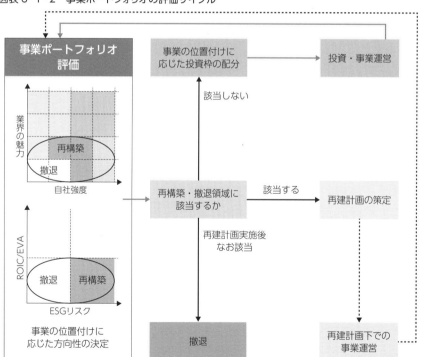

出典：筆者が作成

　まず、評価サイクルの出発点は、事業ポートフォリオを評価し、事業の位置付けに応じて方向性を決定することである。この段階で、各事業は投資もしくは再構築・撤退に振り分けられる。

　事業ポートフォリオを評価した結果、投資の継続あるいは加速を決定した事業については投資枠を設定し、通常通りに事業運営を展開する。

　再構築・撤退プロセスに入る事業は、事業ポートフォリオ評価上、再構築・撤退象限にすでに入っている／入る可能性がある事業のみならず、撤退基準に抵触する事業も対象となる。第4章や第5章でもみたとおり、事業ポートフォリオ評価上は育成領域などに位置付けられていたとしても、実質的に撤退の判断が求められる事業も存在し得る。

　再構築・撤退プロセスは、基本的には再生計画を立案し、その計画の遂行と結果をもって事業の継続如何を判断する。再生計画通りに再び事業が軌道に乗れば、事業ポートフォリオのマッピング上も再構築・撤退領域を脱しているはずであり、通常の事業運営に戻る。逆に、再生計画通りに進まなければ、当該事業からは速やかに撤退するのが基本的な考え方である。

　事業ポートフォリオ評価の枠組みは設けていなくても、このプロセスは導入している企業もあるが、ルール通りに運用されずに一向に事業から撤退できない企業が多いのが現実である。

　その理由のひとつとして、再生計画の達成期限を明確に設けていない、あるいは、設けていたとしても実質的に撤回するケースが多いことが挙げられる。再生計画では、実際に再建を成しえるか否かを早期に見極め、それが困難であれば早々に撤退の道を選択するのがセオリーである。撤退手段として事業売却を採る場合には、その判断が早ければ早いほど高い価額で売却できる可能性は高い。また、事業売却の実現性を高めるために、再生計画に基づいて一定程度事業を立て直してから売却をするというケースもあろう。

　しかしながら、事業売却には越えなければならないさまざまな「抵抗」が存在する。例えば、対象事業が自社の祖業で経営陣の「思い入れ」が強いなどの理由で「配慮」を要する場合には自力再建ありきとなり、半永久的に再構築プロセスから抜け出せないケースもある。それでなくとも、当事者である事業部門側から寄せられる事業継続に対する強い要請によって、もう1年あれば再建が可能、という判断になびく事態が毎期のように繰り返されるケースも少なくない。

　これは、事業ポートフォリオ評価や撤退基準が、あくまでもプロセス入りの尺度として使用されるにとどまり、再建のハードルとして明示的に運用されていな

いために生じているものと想定される。また、運用ルールが曖昧であるがゆえに、再生計画はいくらでもやり直しがきくものだという馴れ合いが生じている部分もあるであろう。

　再生計画の実際の運用は、長くても2年、それで再建がかなわなければ撤退するという明確なルール設定が必要であろう。具体的には、1年目に再建できなければイエローカード、2年目に再建できなければレッドカードというように、イエローカード・レッドカード制を用いて具体的な撤退プロセスに入るのである。

ⅱ. 本社の関与と撤退スキーム

　再生計画の立案は、本社付けにしたり、本社が強く関与したりするなど、事業部門任せにしない対応が求められる。事業部門任せにしていては、既存施策の延長線上の対策が講じられるにとどまるためである。本社の経営企画部門等が事業部門に代わって再生計画の立案を主導し、同時並行で撤退手法についても本社が検討するという目的もある。

　撤退は、必ずしも事業の切り離しだけを指すとは限らない。特に、事業譲渡の場合には、買い手が見つからない限り撤退もかなわない。戦略によっては敢えて連結グループに残すケースもある。**図表6-1-3**では、主な撤退スキームを示しているが、事業を取り巻く事業環境、買い手の状況、JVによる共同事業の展開のメリットに応じていずれの形態が適切かを総合的に判断する必要がある。

　再構築・撤退領域に入っている事業は、「時すでに遅し」となっていることも

図表6-1-3　主な撤退手法

スキーム	連結維持／非連結化	概要
事業譲渡100% －金銭交付	非連結化	事業（もしくは子会社の株式）を第三者に譲渡し連結対象から外す。（金銭交付・株式交付）
JV（50%超を保有）	連結維持	事業譲渡を実施するに当たってJVを設立し、50%超を保有する。（金銭交付・株式交付）
JV（50%未満を保有） －金銭交付	非連結化	事業譲渡を実施するに当たってJVを設立するが、保有比率は50%未満に留める。（金銭交付・株式交付）
スピンオフ	非連結化	切り出した事業の株式を既存株主に対して割当。
事業の縮小	連結維持	事業を徐々に縮小し、順次資産を売却する。
自主清算	連結維持⇒清算	事業の縮小を経て清算する。

出典：筆者が作成

多い。赤字事業で回復の見込みが少なく、売却しようにも買い手がつかない、というケースである。その場合は、マイナスの価値でも売却するか、あるいは売却せずに事業縮小・自主清算するかの比較になる。事業縮小・自主清算は、割増退職金等、撤退コストが膨大になることがあり、マイナス価値であったとしても売却の判断が求められるケースがある。事業部門自身がこうした決断を下すのは困難であり、本社主導で実施する必要がある。

　なお、コア事業が再構築・撤退領域に入る場合や、撤退基準に抵触する場合には、撤退という選択肢それ自体が採りづらい。こうした場合には、再生計画を展開していくのはもちろんであるが、必要に応じてM&Aを含む自力再生以外の選択肢を幅広に検討する必要がある。

ⅲ．評価サイクルと中期経営計画・事業計画との連動性

　事業ポートフォリオの評価サイクルと中期経営計画や年度の事業計画は当然に連動している必要がある。しかしながら、現実問題としては多くの企業の中期経営計画が事業部門の積み上げで決まり、必ずしも中長期的な事業ポートフォリオの方針を勘案して策定されているわけではない。事業部門は往々にして右肩上がりの計画を立案する傾向が強い。このような状況下で策定された中期経営計画は、経営資源の最適配分方針とは乖離した成長一辺倒の計画になりがちである。

　事業ポートフォリオの評価サイクルが導入されることにより、事業の位置付けや方向性が明確になる。中期経営計画や事業計画の立案に当たっては、事業の位置付けや方向性を本社と事業部門が共有する必要がある。計画期間終了時には、実績を踏まえて事業ポートフォリオを再評価し、プロセスを継続的なサイクルとして運用することが重要である。

2. 事業ポートフォリオ会議と投資パイプライン会議

　事業ポートフォリオの評価サイクルを経営管理プロセスの一環として回さない限り、結局は事業ポートフォリオ評価が有効に機能するとはいえない。一方で、プロセス自体が目的化すると、計画に関する目先の予実乖離の確認と更新に終止してしまい、事業ポートフォリオ評価が本来意図する事業の組換えによる企業価値向上という機能を実現することはできない。

　このような課題を解決するために、事業ポートフォリオ評価を定着させる「仕掛け」を設ける必要がある。その仕掛けとして、「事業ポートフォリオ会議」と

「投資パイプライン会議」という2つの会議体を設定する企業が増えている。

　これらの会議体の役割や機能についてはこの後に触れるが、事業ポートフォリオ評価が経営管理プロセスにすでに組み込まれていれば、あえてこうした会議体を別途設ける必要はない。事業ポートフォリオ評価は、経営戦略を遂行するうえで当然に実施すべき内容であり、本来は取締役会や経営会議などで審議・議論されるべきものであるからである。しかしながら、現実には事業ポートフォリオ評価を実施した経験が乏しく、既存の経営会議などで議論しようにも目先の業績やオペレーションの話題に終始してしまう企業もある。経営管理プロセスを一歩進めるために、あえてこのような会議体を設ける企業が近年増加している。

(1) 事業ポートフォリオ会議

　事業ポートフォリオ会議の目的は、文字通り現状の事業ポートフォリオの評価を踏まえ、あるべき姿を設定するとともに、その実現に向けて評価サイクルを回すことにある。

　ただし、事業ポートフォリオ会議の位置付けは、企業によって若干異なる。まず、現状の事業ポートフォリオの評価を踏まえたあるべき姿の設定にフォーカスした会議体を設定するパターンがある。

　このパターンの会議体の参加者は、CEO、COO をはじめとする執行部門のトップ等、ハイレベルなメンバーに限定される。既存の経営管理プロセスでは聖域なき事業の組換えは困難と考える企業も一定数存在する。事業部門長が事業の執行責任者として出席している既存の経営会議の場で真正面から事業撤退の議論をすることについての心理的な抵抗感など、これには日本の企業文化に根ざすさまざまな要因が絡んでいる。こうした背景から、短期的な業績動向に囚われることなく、長期的視点であるべき事業ポートフォリオについて協議する会議体は、あえて既存の経営管理プロセスとは切り離し、ハイレベルなメンバーで構成されるケースが多い。

　あるべき事業ポートフォリオ像は、最終的には社外取締役も含めて取締役会で協議すべきである。しかしながら、モニタリングモデルを志向している昨今のコーポレートガバナンス体制に鑑みれば、取締役会は社外取締役が経営に対する監督機能を効かせる場という面が強まっており、取締役会で議論する前に、まずは執行側が事業ポートフォリオに対する意思を形成する場として事業ポートフォリオ会議を開催するのが当該会議体の趣旨でもある。第1章でも触れたように、コーポレートガバナンス・コードが求める事業ポートフォリオに関する基本的な方

針の「事業の構成」の部分は、まさにこの過程で検討・策定されるべきである。

　もうひとつのパターンは、「評価サイクルを回す」会議体としての役割を担うというものである。実質的には経営会議と大差はないが、経営会議は事業の施策についての進捗確認や討議が中心となり、必ずしも事業ポートフォリオの評価サイクルを回す位置付けとなっていない。そこで、敢えて事業ポートフォリオ評価に特化した会議体を設け、参加者も経営トップにとどまらず、事業部門の責任者を含む役員クラスにまで広げることにより、事業ポートフォリオの評価を定着させるのである。

事業ポートフォリオ会議の概要

a．会議体名：事業ポートフォリオ会議のほかに、事業ポートフォリオ協議会、事業ポートフォリオ運営会議、事業ポートフォリオ運営協議会などがある。

b．ハイレベル会議体
- ✓ 開催頻度：年1回〜2回
- ✓ 会議体のオーナー：CEO
- ✓ 参加メンバー：執行部門のトップ（CEO、CFO、COO、CSO等）が中心
- ✓ 事務局：経営企画部門
- ✓ 目的：現状の事業ポートフォリオ評価を踏まえ、あるべき姿を設定する

c．実務レベル会議体
- ✓ 開催頻度：年2回〜4回
- ✓ 会議体のオーナー：CEO、CFO、経営企画担当役員
- ✓ 参加メンバー：事業部門の責任者を含む役員クラス以上
- ✓ 事務局：経営企画部門
- ✓ 目的：事業ポートフォリオ評価の結果や今後の方向性の共有等

(2) 投資パイプライン会議

　投資パイプライン会議の目的は、事業ポートフォリオ戦略を遂行するうえで、今後発生する可能性のある投資の全体像を把握することにある。

投資については、企業実務上、中期経営計画や事業計画策定時にどのような投資が必要かを棚卸し、積算するのが一般的ではないだろうか。しかしながら、現実的には、中期経営計画では予見性の高い投資計画、事業計画立案時にはあらかじめ計画されている維持更新投資のみが織り込まれ、新規投資などは発生のつど、いうならば早いもの順で投資が検討されるのが実態である。

　一方で、経営ビジョンの実現に向けた事業ポートフォリオの組換えや、昨今の脱炭素対応をはじめとするサステナビリティ対応には多額の投資の発生が見込まれる。これらの投資については技術の進展を待つ必要があるものも多く、必ずしも予見性が高いものばかりではない。投資が発生したとしても、足元の中期経営計画の期間内に発生するとは限らず、次期計画策定時にようやく輪郭が見えてくることもあるであろう。

　事業ポートフォリオの転換を図る中で、比較的短期間のうちに取り組むことができるのはノンコア事業の売却であるが、これはあくまでも事業ポートフォリオの組換えを図るうえでの一面でしかない。その本質はやはり投資にあり、事業ポートフォリオの組換えに当たって、何にどれだけの投資を行ってリターンを追求するのかを検討することが最も重要である。しかしながら、投資の効果が発現するまでに相応の時間を要する可能性がある点に加え、そもそも投資は財務フレームワークで定められている投資余力の制約を受ける。投資に当たって何を優先すべきか、経営陣の間でイメージが共有されていなければ、財務上の余力が制約となって肝心の重要な投資を行うことができない、という事態を招きかねない。

　投資パイプライン会議の最大の目的は、このような問題意識を踏まえ、今後発生する可能性の高い投資案件を中期経営計画や事業計画の枠を超えていったん同じテーブルに載せ、事業ポートフォリオの組換えに当たってどのような投資が今後必要なのかを棚卸することにある。そのためには、確度の有無にかかわらず、今後発生する可能性のある投資や事業ポートフォリオの組換えに当たって実施する必要性のある投資をすべて一覧にすることが重要である。以下に示すのはその一例である。

投資パイプライン

a　事業計画枠内に入るもの
- 維持更新投資
- 計画に織り込まれている成長投資
- R&D

 b 中期経営計画の枠内に入るもの
- 維持更新投資
- オーガニックな成長投資
- インオーガニックな戦略投資（M&A枠）
- R&D

 c 中期経営計画の枠を超えて必要となる投資
- 経営ビジョン実現に向けて必要となるR&D
- 経営ビジョン実現に向けて必要となる設備投資
- 経営ビジョン実現に向けて必要となる戦略投資（M&A）
- サステナビリティ関連投資（脱炭素など、企業の持続性を担保するために必要となる投資）

　これらの投資については、費用性／資産性、金額の規模、発生時期を一覧にし、毎年更新することにより、中長期目線で投資の実現性や確度の向上を確認する仕組みを設けるのがポイントである。そして、事業ポートフォリオの目指すべき方向性と毎期同期させるために、投資パイプライン会議は、評価のタイミングと併せて年に1、2回開催するのがよい。

　また、既存の投資評価会議にこのパイプライン会議の要素を取り入れて会議を実施するパターンもある。ただし、投資評価会議は案件単位の評価が主目的であるのに対し、投資パイプライン会議は今後の投資の全体像を共有するのがその目的である点を踏まえると、独立した会議体とするか、あるいは投資評価会議と一体で運営するにしても、パイプラインの棚卸だけを集中的に審議するセッションを設けるなど、工夫は必要である。事業ポートフォリオ会議と一体で運営するのも一案であろう。

投資パイプライン会議の概要
- ✓ 開催頻度：年1回〜2回（一般的な投資評価会議と機能を統一させるのであれば毎月）
- ✓ 会議体のオーナー：CFO、経営企画担当役員
- ✓ 参加メンバー：執行部門のトップ、事業部門の責任者（投資評価会議と機能を統一させるのであれば投資評価時の各管理部門長）

図表6-2-1　事業ポートフォリオ会議・投資パイプライン会議の位置付け

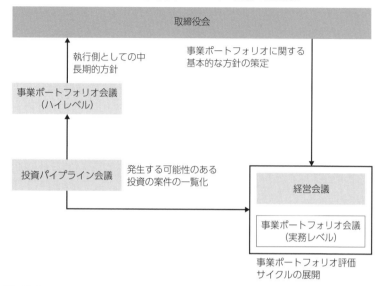

出典：筆者が作成

✓　事務局：経営企画部門、財務企画部門
✓　目的：今後発生する可能性のある投資を一覧化する

　図表6-2-1は、事業ポートフォリオ会議や投資パイプライン会議の位置付け
を示している。事業ポートフォリオ評価の定着に合わせて必要な機能を経営会議
等に統一していくことが望まれる。

3. ROICを活用したKPIマネジメント

　ROICは、事業ポートフォリオの評価軸であるばかりでなく、事業ポートフォ
リオの組換え方針に基づいてKPIマネジメントを実施していくうえでも必要不
可欠な指標である。本節では、KPIマネジメントを推進するに際してのROICの
活用法について取り上げる。

(1) ROICに基づく事業評価基盤

　マネジメントの立場からすると、ROICは、事業ポートフォリオを機動的に組換える意思決定には不可欠な事業投資効率に関わる定量情報である。一方で、事業部の立場からすると、ROICは、構造的なKPIの形で事業価値向上に向けた要改善箇所を定量的に示すものである。前者は第5章で解説したROICの戦略的活用の選択論（What論）であり、後者は戦術的活用の実践論（How論）である。

　ROICの戦術的活用には、2つの枠組みを整備する必要がある。ひとつはROICを構成するKPIツリー、もうひとつは意思決定・事業運営サイクルといういわゆるPDCAサイクルである。双方の枠組みとも、マネジメント階層と現場階層それぞれが管理主体となって運営される（図表6-3-1）。マネジメント層にとってのKPIツリーは、彼らがコミットするROEを起点にROA、財務レバレッジ、ROICと分解したうえで、経営ダッシュボードとして整備する。現場層は、ROICを起点に利益率と回転率といったKPIに分解し、現場KPIツリーとして設定する。経営レベルのPDCAサイクルは、経営ダッシュボードでモニタリングした状況に基づく投資判断と事業ROICに連動したKPIの設定という仕組みを構築する。事業レベルでは、KPIを達成するためのアクションプラン、優先順位、担当部門、期限といった一連のPDCAサイクルをオペレーションに実装する。ROICの戦術的活用とは、ROICに基づく一貫した企業経営・事業運営を実現するため、経営管理指標を現場へ落とし込めるKPIへと分解、周知することと言えよう。

　実際にROICを戦術的に活用していくにはいくつかの留意事項がある。まずは、いかにしてKPIツリーを設計するかである。現場の状況を詳細に把握したいというモチベーションから、事業部のKPI設定が過度に細かくなる傾向がある。これは運用事例からも明らかであるが、ほとんどのケースで機能しない。膨大なKPIのためのデータ収集と管理、モニタリングだけで精一杯になってしまう。それだけでなく、KPIが多いがゆえに業績評価との紐づけも複雑化する。KPIツリーは、いかにシンプルに設定するかがポイントなのである。

　余談であるが、筆者も今から約20年前に日本で起きたバランススコアカード（BSC）導入ブームの際に関与したKPI設定支援プロジェクトを巡り、苦い経験をした過去がある。経営状況を財務・顧客・運営・学習という4つの視点で管理するマネジメントシステムであるBSCでは、この4つの視点ごとにKPIを設定し、経営状況を可視化する。多くのコンサルティングファームは、挙ってBSCの導入を支援したが、各ファームともKPIの構造・詳細化に取り組み、「500個のKPIを完備しました」、「ウチは1,000個のKPIです」、と実に不毛なKPIの詳

図表 6-3-1 ROIC の戦術的活用基盤

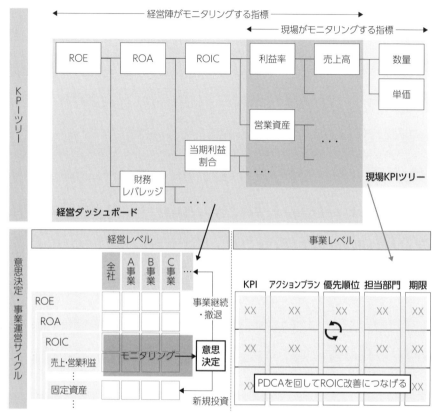

出典：筆者が作成

細化競争が起こったのである。当時ジュニアスタッフであった筆者も、こうした流れに飲み込まれるかのように KPI 詳細化競争に加担していた。20 年の月日を経て、BSC を有効活用しているとある企業にお話を伺う機会があったのだが、その企業の取組みは、「4 つの視点で KPI は 1 つずつ、計 4 つの KPI で運用している」というものであった。これは極端なケースかもしれないが、最も重要な KPI だけを設定してモニタリングし、PDCA サイクルを高速で回しているということであろう。このように、KPI をいかにシンプルに設定するかについて、自戒も込めてご留意いただければと思う。

図表 6-3-2　経営レベルでの意思決定・事業運営サイクル

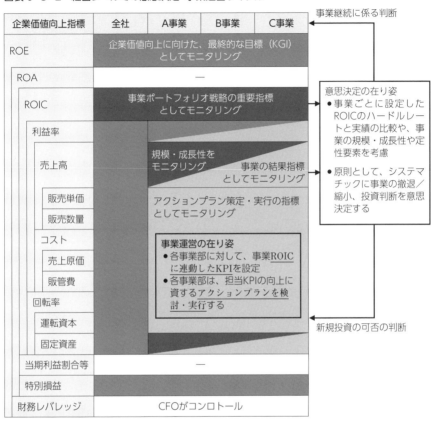

出典：筆者が作成

　事業運営のあるべき姿とは、全社 ROIC と事業 ROIC が連動し、各事業部が事業 ROIC に連動した KPI に基づいてアクションプランを検討・実行する状態を指す。ここでは、事業 ROIC と連動したシンプルな KPI を設定することがポイントである。**図表 6-3-2** は、経営レベルでの意思決定・事業運営サイクルを示している。縦軸の企業価値向上指標にある ROIC は、シンプルに利益率と回転率で構

成されており、利益率は売上とコスト、回転率は運転資本と固定資産にブレークダウンされる。こうした基軸となるKPIを設定することにより、事業ROICと連動したKPIも因果関係を単線化させた構造を採ることができる。因果関係を考えすぎると、ついつい複線化する構造を採りたくなるが、ROICに連動したKPIを起点として単線構造を採ることにより、各事業部が責任を持つKPIの向上に資するアクションプランの検討や実行にもスピード感が加わり、実装されるPDCAサイクルにもスピード感が備わるであろう。

(2) ROICを活用したPDCAマネジメント

　ROICに基づくPDCAサイクルを実装するに当たっては、モニタリング対象となるROIC-KPIの単線構造を基軸として、事業部ごとに管理・運用階層を定義する。責任者である事業部長が財務KPIを、運営担当の営業・製造・開発といった各機能部門が業務KPIを各々管掌する管理階層を採る。そして、財務KPIと業務KPIの単線構造を橋渡しする管理KPIを両者が管掌することでROIC-KPIのPlan/Do体制が固まる。

　次にCheck/Action体制である。事業部長の管掌範囲である財務KPIは、ROICを構成する営業利益額・率が日常的なオペレーション活動と連動していることから、モニタリング頻度も高くなる。一方で、投資の意思決定で成果が反映される資産回転率のモニタリング頻度は低く、最終成果としての資本効率性指標であるROA、ROE、ROICも同様にモニタリング頻度は低くなる。

　運営担当の各機能部門のモニタリング頻度は、結果指標である管理KPIは低く、実行指標である業務KPIは高いという特徴がある。Checkに該当するこうしたモニタリング頻度に応じてActionに該当するモニタリング頻度に応じたアクションプランが策定される（図表6-3-3）。特に、両者をブリッジする管理KPIのモニタリングには、事業部長にとってのActionである戦略的アクションと、機能部門にとってのActionである戦術的アクション双方の意味合いがあるため、アクションプランの策定に当たっては、両者のインタラクティブな"戦略的対話"が不可欠である。

　現実には、ROICに基づくPDCAの実装は一筋縄ではいかないものである。散見されるケースを紹介しながら対処方法を解説しよう。

　ROICに限らず、PDCAマネジメント最大のボトルネックは、KPIデータを円滑に収集し、モニタリングしたい粒度で出力できるインフラ、すなわち経営管理システムの欠如である。そうしたケースでは、「現場情報の集約先が複数の経営

図表 6-3-3　ROIC を活用した PDCA マネジメントの全体像

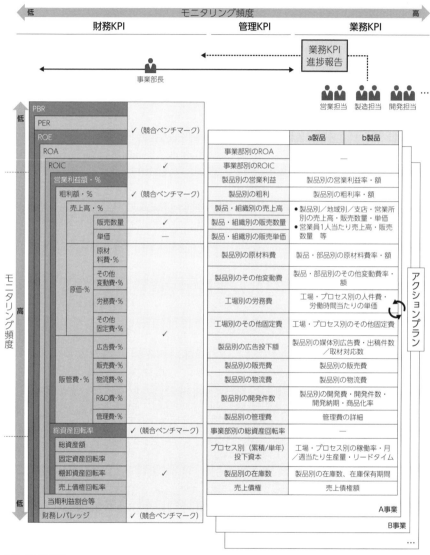

出典：筆者が作成

管理システムに分散している」、「情報取得範囲が限定的で、事業部門の状況を統合的に把握しにくい」といったことが散見される。この経営管理システムは、ROICのPDCAマネジメントにおいては必要条件であるが、そもそものシステム設計思想に起因する問題があったり、KPIの多様性や複雑性ゆえに経営管理システムが分散していることが原因となっていることもある。

次に挙げられるのは、「KPIの責任を負う階層・役職が定義されていないために各当事者が目的意識を持ちにくく、KPI達成に向けた組織的取組みがなされにくい」ことである。これは、事業部内で売上や営業利益といったKPIを設定してはいるものの、各々のKPIについて誰が責任を負うべきかを定めていない、KPIをモニタリングしていても改善に向けた組織的取組みがなされにくい、といった事象である。

そして、3つ目に挙げられるのは、「部門間異動がほどんどないことが、担当部門以外への関心が低い要員を生み、部門間協業の阻害要因となっている」ことである。これは、部門間異動の機会が少なく、特定部門への長期勤務が主体となることで所属部門や担当業務以外への関心が低下し、周辺業務とのつながりも意識しにくくなって部門全体の目的達成意識が醸成されにくい、といった事象である。

こうした「経営管理システムの整備」、「KPIの責任を負う階層・役職の定義」、「部門間異動」という3つのボトルネックを解消すべく、個別の解決策を講じた場合、「合成の誤謬」となることが多い。よって、図表6-3-3に示すROIC-KPIの単線構造を採ることで、実装の蓋然性を高めることができる。「経営管理システムの整備」については、KPIを単線構造とすることでKPIの複雑性が回避され、経営管理システムの統合も容易となって単一システムによる定性・定量情報を備えたレポーティングも可能となる。「KPIの責任を負う階層・役職の定義」については、ROIC-KPIの単線構造とすることで、KPIに沿う役割を担うことになるため、KPIの責任を負う階層・役職を定義することで解決することができる。最後の「部門間異動」であるが、こちらもROIC-KPIの単線構造とすることで、一人が担当するKPIが基本的には1つとなる。複数KPIを担当すると、KPIの担当者依存性が高まり、どうしても特定の担当者にしかわからない、といったKPIの属人性が高まってしまう。一方、単一のKPIを担当させることでKPIの属人性は低下する。1つのKPIであるがゆえに引継ぎも容易であり、部門間異動の流動性も高めることができる。このような見地から、ROIC-KPIの単線構造を実装することを推奨したい。

第 7 章

事業間シナジーの
創出手順

1. コングロマリット・プレミアムの構造

（1）コングロマリット・プレミアム＝イノベーション

　国内外の機関投資家や海外投資家は、投資した株式や債券を組合せて金融ポートフォリオを形成し、入れ替えることでリスクを分散しながらリターンの最大化を図っている。この金融ポートフォリオの価値は、個々の金融資産価値の積み上げ（足し算）であり、金融資産の組合せで付加価値が上積みされることはない。一方、経営者がマネジメントする事業ポートフォリオの価値についてはどうだろうか。事業資産の集積である事業ポートフォリオの価値には、これまでも論じてきたように、企業価値が個々の事業価値の積み上げた価値に満たないコングロマリット・ディスカウントがある。ちなみにアクティビストファンドなどは、各事業が属する業種の EV/EBITDA 倍率の平均を使って企業価値を算定し、その総和が企業価値よりも大きいことをもってコングロマリット・ディスカウントを判別している。これは Sum of the Parts（部分の和）と言われる古典的技法である。

　コングロマリット・ディスカウントと反対に、コングロマリット・プレミアムという言葉がある。コングロマリット・プレミアムは、コングロマリット・ディスカウントとは反対に、企業価値が個々の事業価値の積み上げ（足し算）を上回る、すなわち、個々の事業の組合せによって生じる付加価値としてのシナジー効果（掛け算）が上乗せされる状態を指す。つまり、コングロマリット・プレミアムは、どんなに有能な投資家が最高の金融ポートフォリオを形成したとしても創出不可能な付加価値を実現できる経営者にのみ許された"武器"と言える。投資家は、複数事業を営む企業にはコングロマリット・ディスカウントのリスクが伴うとして投資を敬遠する、あるいは投資するとしても、事業の選択と集中を求めるのが一般的である。しかしながら、経営者が組み合わせ（掛け算）により事業間シナジーを創出することができれば、投資家には創出しえないコングロマリット・プレミアムを実現することができる。なお、企業価値算定は、将来の価値を現在価値に割り引いて測定するコーポレートファイナンスアプローチをとるため、事業間シナジーを創出したとしても過去に創出されたシナジー効果は企業価値に吸収され、価値算定の構造上は効果を測定することができない。したがって、過去の事業間シナジーの成果は、アカウンティングアプローチで効果を算定する必要がある点は留意しておくといいだろう。

　オーストリア・ハンガリー帝国出身の経済学者であるシュンペーターは、その著書『経済発展の理論』において、経済発展には 2 つの段階があると示してい

る。第1段階は、経済自身に委ねられる変化に限定される「経済の循環的変化」、そして第2段階の「経済の断続的変化」で「新結合」が起きると主張している。この「新結合」に関わる一連の論旨が、かの有名なイノベーションという概念である。シュンペーターはイノベーションについて、企業者が生産を拡大するため、生産方法や組織といった生産要素の組合せを組み替え、新たな生産要素を導入する行為を指す、と定義している。そして、イノベーションの過程では、企業者によって「新結合」という既存の技術や生産方法などの経営・事業資源の新しい組合せが行われる、と指摘している。この「新結合」を含むシュンペーターの理論に照らせば、コングロマリット・プレミアムはイノベーションに他ならない、といえる。

　コングロマリット・プレミアムをイノベーションとした場合、重要なポイントは、「企業者によって『新結合』という既存の技術や生産方法などの経営・事業資源の新しい組合せが行われる」、という箇所である。これは、企業者という事業を率いるリーダー・経営者が能動的に主導しない限り、イノベーションに向けた新結合という行為は創出されない、ということを示唆している。コングロマリット・プレミアムという成果を得る過程で事業間シナジーが創出されているはずであるが、これは各事業に委ねていてはほとんど実現しない、ということがいえよう。企業者、つまり現代の経営構造においては、経営者を含むコーポレート部門の牽引力が問われる。これは筆者の持論でもあるが、「シナジーは、出るものではなく、出すもの」である。

　そうなると、コングロマリット・プレミアムには、「シナジーを出す」ための事業横断的な働きかけを可能とするリソースの調達と確保を可能にする機能や、グループ理念に基づいて事業間シナジーを創出するコーディネーション機能がコーポレートに必須となる。ところが、多くの日本企業は、事業ポートフォリオのモニタリング機能は備えていても、個別事業を評価し、経営資源を配分する機能は備えていない。事業間シナジー創出の前に、事業ポートフォリオの組換えを主導する機能を実装することから始めることが課題といえるであろう。

　事業間シナジー創出のためにコーポレートが主導的な役割を果たすには、異なる事業を掛け合わせる事業開発部門とグループ本体の技術開発基盤である中央研究所が中核を担う部門となる。前者の事業開発部門の主な活動は、事業資源の希少性や模倣困難性を把握したうえで、新しい事業の組合せの検討を促進したり、SBU（Strategic Business Unit）と呼ばれる事業環境に適した戦略的事業単位を設定したりすることで、短い時間軸での価値創出を図る。後者の中央研究所は、

事業部における製品開発等のR&Dとは異なり、アカデミア寄りの技術探索・開発が中心となることから、長い時間軸での価値創出を図る。そこでは、事業のあり方を"先読み"した技術Sカーブ（第2節で詳述）に基づく革新的技術開発や、事業間シナジーの創出を円滑にする事業資源の組合せを容易にする標準化が主な活動となる。

(2) HD2.0〜遠心力促進（先鋭化）のための求心力活用

コングロマリット形態を象徴する顕著な例として挙げられるのが、純粋持株会社である。日本では1997年6月に純粋持株会社が解禁され、コングロマリット形態の企業を中心に採用が進んだ。この時期に設立された純粋持株会社の多くは事業ポートフォリオの最適化とグループガバナンスの進化という共通した2つの目的を掲げ、持株会社主導で事業ポートフォリオマネジメントを推進する「求心力経営」を企図した。具体的には、持株会社自らが成長領域を設定し、当該領域に対する集中的な投資や、それと並行した新たな安定収益源創出のための事業多角化の促進である。事業ポートフォリオマネジメントにおいては、既存事業とのシナジーを目的にM&Aを積極展開し、PMIによりクロスセル等のシナジーを狙う、というケースが多くみられた。

2021年にソニー、2022年にパナソニックが純粋持株会社に移行したが、両社には、事業ポートフォリオ最適化（コングロマリット・プレミアム創出）のために「求心力」を活用して「遠心力」の最大化を図ろうとする共通点が見られる。例えばパナソニックは、2021年3月9日の佐藤副社長、同年8月4日の楠見社長のプレスリリースで、専鋭化とシナジーで成長領域を定め、事業を強くする方向に舵を切ることを公表している。また、個々の事業で徹底的に競争力を磨き上げるにあたり、これまでの全社共通の制度から業界ごとに対峙する競合会社を想定した仕組みへ転換を図ろうとしている。ソニーは、2020年5月19日のプレスリリースで、事業ポートフォリオ管理とそれに基づくキャピタルアロケーション、グループシナジーと事業インキュベーションによる価値創出、イノベーションの基盤である人材とテクノロジーへの投資の3点をソニーグループ株式会社のミッションとして掲げている。

「求心力経営」をHD1.0と定義するならば、パナソニックやソニーによる「求心力を活用した遠心力経営」はHD2.0と定義することができるであろう。第1章で指摘したとおり、ここ10年間で日本企業が積極的に取り組んできたM&Aは事業規模やシェア拡大が中心であって、資本収益性は強く意識されてこなかった。

こうした状況を踏まえると、同時期に展開されてきた HD1.0 は成功したとは言い難い。筆者の推察ではあるが、パナソニック、ソニーとも、こうした HD1.0 の状況も踏まえて、純粋持株会社主導の遠心力経営である HD2.0 に舵を切ったのではないだろうか。奇しくも、国内で初めて事業部制を採用したパナソニック（1933 年）と初めてカンパニー制を導入したソニー（1994 年）という 2 つの日本企業による純粋持株会社への移行は、日本企業の持株会社経営が次のステージに移行したことを象徴している。

　こうしたことから、事業の個別の実情を踏まえた事業領域の設定と権限委譲という前提条件の下で、コーポレートがどのように事業を組み合わせてイノベーション・マネジメントを実践するか、という視点がコングロマリット・プレミアムに求められていると言えよう。

2. コングロマリット・プレミアム実現のための事業間シナジー創出手順

（1）事業間シナジーの構造

　前述したように、コングロマリット・プレミアムは、個々の事業のリソースの組合せ（新結合）によるイノベーションである。そもそも事業とはどういった要素で構成されているだろうか。これを整理する際に有効なのが、事業アーキテクチャという考え方である。事業アーキテクチャとは、事業を構成する要素間の組み合わせ方や連結方法といった関係性に注目した設計思想を指す。この要素間の関係性は、要素が複雑な相互依存関係となるシステムもあれば、要素がルールにより単純化されたシステムもある。

　そもそものアーキテクチャという考え方は、製品設計の際のプロダクトアーキテクチャに由来している。事業アーキテクチャにおける要素間の関係をプロダクトアーキテクチャに当てはめると、「複雑な相互依存関係」がインテグラル型アーキテクチャ、「ルール化された単純関係」がモジュール型アーキテクチャと呼ばれる。

　プロダクトアーキテクチャは、機能と部品の写像関係を規定することであり、機能要素から構成要素（部品）へは一対多、多対一の関係となること、構成要素（部品）間のインターフェースが結合していることが特徴である[12]。図表 7-2-1 の右図は、モジュール型アーキテクチャを示しているが、機能要素から構成要素（部品）へは一対一の関係であり、構成要素（部品）間のインターフェースは分

図表7-2-1　プロダクトアーキテクチャ

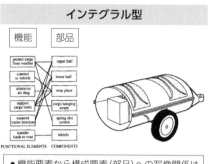

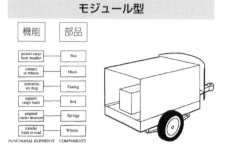

インテグラル型	モジュール型
● 機能要素から構成要素（部品）への写像関係は一対多、多対一の関係	● 機能要素から構成要素（部品）への写像関係は一対一の関係
● 構成要素（部品）間のインターフェースは結合	● 構成要素（部品）間のインターフェースは分離

出典：筆者が作成

離しているのが特徴である。モジュール型は、インターフェースが分離しているため、部品の多様な組み合わせが可能となる一方、インテグラル型の組み合わせは限定的となるのがアーキテクチャ特性によって示される各々の特徴である。

　こうした要素間の関係性を事業レベルで規定する行為が、事業アーキテクチャである。事業アーキテクチャは、事業内部の部分間の関係性の規定、事業外部との境界線の設定という2つの観点から設計する（図表7-2-2）。プロダクトアーキテクチャが部品間の組合せであることに対して、事業アーキテクチャは、技術・顧客基盤・バリューチェーンなど、さまざまな事業リソースの組合せを志向することから、各事業リソースの接点となるインターフェースをいかにして標準化してモジュール型アーキテクチャとするかが重要となる。

　事業外部との境界線の設定という観点からは、市場、事業資源、機能を考慮することが求められる。まず市場である。これには顧客ニーズのほか、顧客の不満といったニーズが充足されていないペインポイントが含まれる。これらはイノベーションの源泉であり、特にスタートアップなどは、このペインポイントにフォーカスしてソリューション開発に邁進する。事業間シナジーの検討においても、ペインポイントの把握は最重要事項となる。

---

12 "The role of product architecture in the manufacturing firm" Karl T. Ulrich（1993）を基にKPMGにて作成

図表 7-2-2　事業アーキテクチャ

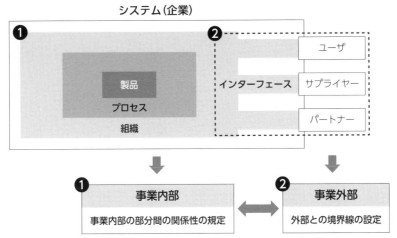

出典：筆者が作成

　次に事業資源である。これには技術や有形・無形資源が含まれる。イノベーションの起点が技術革新であると言われていることからも、技術は特に重要な事業資源である。この他の事業資源として、人的リソース、製品、設備、情報、資金などが挙げられるが、人的リソースや製品および設備は技術に関連することから、技術抜きの事業資源の組合せで得られるシナジーは極めて限定的である。

　最後に機能である。これにはバリューチェーンそのものや、バリューチェーンを介して提供される価値が該当する。バリューチェーンは、SPA（製造小売業）、ファブレスモデル、スマイルカーブといった事業特性を決めるプロセスであることから、事業アーキテクチャの制約条件となりうるため、個別事業のバリューチェーンが、どのような事業モデルとなっているかを認識しておくことが求められる。

　これらの市場・事業資源・機能で構成される事業間シナジーを検討する際の事業アーキテクチャを表したのが図表 7-2-3 である。中心にある市場・事業資源・機能の三角形が既存事業である。この既存事業を形成する 3 要素の組合せにより、事業間シナジーの創出を図る。まず左上は、既存技術と顧客基盤の組合せで新機能を創出する事業間シナジーである。代表例として、アフターサービスが挙げられる。これは、「継続的かつタイムリーな保守・メンテナンスの要望」と

図表 7-2-3　事業間シナジーを検討する際の事業アーキテクチャ

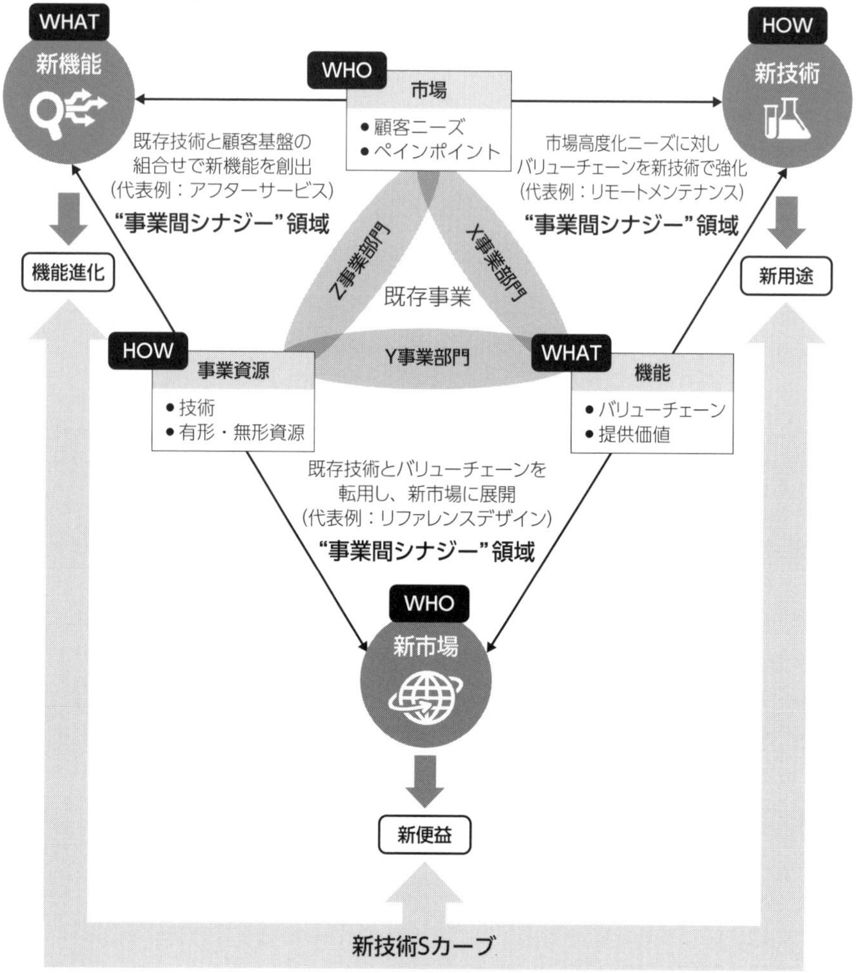

出典：筆者が作成

　いう顧客のペインポイントを抱える事業部門と、営業拠点をてことした生産技術
を提供可能な事業部門とを組合せることで、バリューチェーンを川下に拡張する
という事業間シナジーである。
　次に、既存技術とバリューチェーンの組合せで新たな市場への横展開を図る事
業間シナジーである。代表例として、リファレンスデザインが挙げられる。これ

は、R&D 部門が有する技術を開発支援ソフトウェアや設計図としてファウンドリーに提供することで、比較的容易に製品生産を可能とするビジネスモデルを形成し、ある市場で成功したリファレンスモデルを、異なる市場で事業展開する事業部門と連携して転用する事業間シナジーである。このリファレンスモデルの代表例として、インテルが CPU を拡販する際にマザーボードをリファレンスモデルとしてファウンドリーに提供したケースや、クアルコムが LSI を拡販する際に開発支援ソフトやドローン本体設計図および自律飛行ソフトウェアをファウンドリーに提供したケースが挙げられる。

　そして、右上の市場高度化ニーズに対し、バリューチェーンを新技術で強化する事業間シナジーである。このモデルでは、技術が事業間シナジーを創出することから、市場と機能の組合せだけでは事業間シナジーは実現せず、市場高度化ニーズとそれを実現する基盤としてのバリューチェーンを事業部門が提供し、これに新技術を組み合わせることで初めて実現する。必要な技術が他事業部や自社内になければ、M&A や CVC といった外部資源を獲得する投資手法によって新技術を獲得し、事業間シナジーの実現を企図する。代表例としては、デジタル技術を活用したリモートメンテナンスが挙げられる。具体的には、コロナを契機に"非接触"という市場高度化ニーズが生じた際に、事業部門がアフターサービスを拡張させた機能をバリューチェーンとして設計し、これに遠隔地から現場の工場や顧客のオペレーションサイトをモニタリング・制御できる装置監視システム、PLC（Programmable Logic Controller：機械を自動的に制御する装置）と IoT 機器の接続、データ圧縮、サイバーセキュリティといった技術を自社の中央研究所や M&A で取得し、両者を組み合わせて提供したケースがある。

　創出していく事業間シナジーをイノベーションへと昇華させるためには、その萌芽となる技術 S カーブを考慮することが重要である。図表7-2-3 を見ると、創出されていく事業間シナジーに新技術 S カーブが下層から影響していることが表現されている。

　新技術 S カーブを理解する前に、まずは技術 S カーブ[13]を理解しておく必要がある。技術 S カーブとは、多くの科学技術・工業技術に共通して見られる傾向値で、技術の発展・進歩のペースが当初は緩やかに、その後急激になるが、やがて限界が近づき再び緩やかに"S"の字のような傾向を辿ることから名づけられた技術の発展特性を指す。具体的には、技術開発の初期段階は、資源投入量を増や

---

13 Innovation: The Attacker's Advantages, Summit Books. Foster, Richard（1986）

しても試行錯誤が続き、性能向上が図れない状況が続くが、こうした試行錯誤を繰り返す中で技術ブレークスルーが起こり、急速に性能向上が図られる。しかしながら、やがて技術性能の理論的・物理的限界に直面して性能向上に停滞が生じ、さらには類似技術も登場して価格競争へと変化していく。

こうした技術の停滞期を見透かしたタイミングで、新技術Sカーブが登場し始める。これを通信端末に準えると、**図表7-2-4**に示す技術Sカーブとしてのフィーチャーフォンと新技術Sカーブとしてのスマートフォンになる。当初の技術Sカーブであるフィーチャーフォンは、通話に加えてメール、カメラ、インターネットと、さまざまな機能が拡張された局面が急成長の箇所に該当する。そして、ひと通り機能が実装されると、個々の機能のスペック向上に焦点が当たり、やがて技術性能・向上の限界値に近づく。具体的には、カメラの画質、インターネットの閲覧速度が上がったとしても、消費者がほとんど差異を感じなくなるレベルに到達する。やがて技術は成熟化し、価格競争に突入する。通信端末では、北欧日勢のフィーチャーフォンから、米韓中勢が圧倒的なシェアを持つスマホマーケットへと変容した。なお、この技術Sカーブは、クレイトン・クリステンセンの「イノベーションのジレンマ」のベースとなる理論である。そうした意味では、新技術Sカーブは破壊的イノベーションに該当するため、前述したとおり事

図表7-2-4　技術Sカーブと新技術Sカーブ

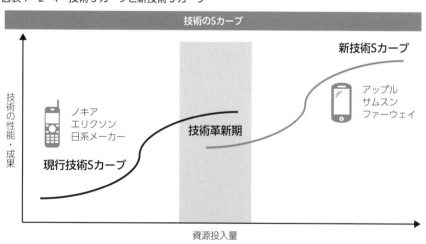

出典：Innovation: The Attacker's Advantages, Summit Books. Foster, Richard (1986) を基に筆者が作成

業間シナジーがイノベーションである以上、こうした旧技術を置換・凌駕していく可能性のある破壊的イノベーションを志向した取組みが重要となる。

(2) 事業間シナジー創出の考え方

　事業間シナジーは、市場・事業資源・機能で構成される事業アーキテクチャに新技術Sカーブを想定しながら設計する。そのためにまず必要なことは、事業間シナジーの源泉となる既存事業の構成要素である既存市場・既存機能・既存資源の把握である。

　既存市場については、現在の事業部門と顧客基盤ならびに顧客基盤から派生する市場要求を把握する。事業部門と顧客基盤については、常日頃からオペレーションとして機能していることから、新しく調査をする必要は基本的にはほとんどない。ただし、市場要求については様相が異なる。日頃から顧客との緊密な接点を持っていれば、直近の要望・要求・ニーズは把握できているだろう。先々の顧客要望は潜在的であるため、捕捉は難しいが、こうした潜在的な市場・顧客要望こそが新技術Sカーブの萌芽でもあるため、これを捉えることは極めて重要である。この潜在的な市場・顧客要望を捉える方法としては、既存事業のトップランナー顧客の高度要求を聞き取ることが有効である。トップランナー顧客がトップである所以は、常に最先端の課題や技術を追い続け、これらに対するソリューション構築に努めているからである。トップランナー顧客は要求難度も高く、当初は実現不可能と思われる要件も提示してくるが、こうした難度の高い要件をクリアすることでイノベーションにつながったケースは過去にもよく見られる。

　市場要求は、いわゆるニーズであり、これと対を成すのがシーズである。シーズに該当する構成要素は、技術を中心とした事業資源である。トップランナー顧客の高度ニーズと新技術Sカーブを意識しながら、どのように発展させていくべきかという視点も加えながら既存技術・事業資源を棚卸する。なお、事業間シナジー創出において最も重要な構成要素が、この技術・事業資源である。なぜなら、シナジーは、**図表7-2-5**に示すように、資源の組合せによって異質の共有、重複の融通、重複の排除という3つの効果を発現させるものだからである。1点目の異質の共有は、その名の通り、異なる資源を組み合わせて生じるシナジーをいう。顧客を共有するクロスセル、市場製品・技術共有による新製品開発やバリューチェーンの共有で優位な方の水準に機能を合わせることなどが例として挙げられる。2点目の重複の融通は、類似する資源を相互に融通して平準化を図ることで得られるシナジーをいう。具体例として、双方の工場稼働率の繁閑差を

図表 7-2-5　シナジーのメカニズム

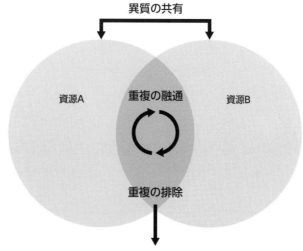

出典：筆者が作成

　融通することで稼働率の全体最適を図ったり、投資案件において投資資金を折半することでリスク低減を図ったりするケースが挙げられる。3点目の重複の排除は、類似する資源を一方に片寄せし、残りの資源を削減、排除するものである。M&Aにおけるシナジーで最も代表的なものであり、営業拠点や生産拠点、間接部門といった組織資源の効率化に適用される。なお、このシナジーは組み合わせではないため、基本的にイノベーションにはつながらない。

　こうしたシナジーのメカニズムを踏まえると、「新結合」の主要因である技術・事業資源がいかに重要かを理解することができる。具体的な技術・事業資源の棚卸方法については後段で詳述するが、事業間シナジーの創出には、希少性の高い技術・事業資源が鍵を握ることから、現状自社がどの程度そうした技術・事業資源を保有しているのかを棚卸しておく必要がある。

　最後に既存機能である。これは、既存市場（事業部門と顧客基盤）と既存資源の棚卸から自ずと機能連鎖としてのバリューチェーンが浮かび上がってくる。既存市場からは顧客に製品・サービスを提供しているオペレーションと提供価値が導出される。そして既存資源については、提供価値を実現している技術・人的資源・設備等が該当する。特に優位性のある事業資源に紐づく機能は顧客に対して価値のあるオペレーションを提供しているため、事業間シナジーを検討するに際

図表 7-2-6　事業アーキテクチャに基づく事業間シナジーの設計図

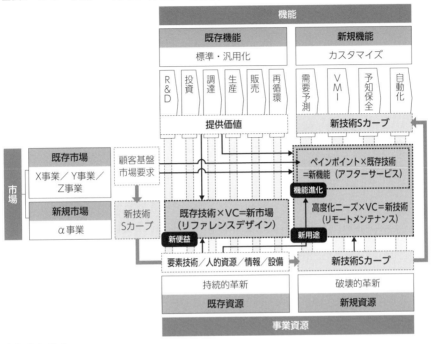

出典：筆者が作成

しては重要である。

　事業アーキテクチャの構成要素である市場・事業資源・機能の状況を整理した
のちに、事業間シナジーを設計する。**図表 7-2-6** は、事業アーキテクチャに基
づく事業間シナジーの設計図である。この図表が示すように、事業アーキテクチ
ャは、市場・事業資源・機能の枠組みの中で、市場要求に応じて新規市場に新技
術Ｓカーブが派生し、既存の機能や資源のみならず、新規のそれらにも影響を及
ぼす関係性にある。

　まず、新技術Ｓカーブが最初に影響する既存機能と既存技術の新結合で新便益
がイノベーションとなり、この新便益が提供される新規市場において事業間シナ
ジーを追求することから検討を始めるのが合理的である。その際に鍵となるの
は、新市場において事業資源の持続的革新性を際立たせることである。

　次の対象は、既存市場と既存資源の新結合により、新用途がイノベーションと

なる事業間シナジーである。この事業間シナジーは、既存資源のイノベーションのジレンマを克服すべく、新技術Sカーブを適用する新技術が必要となるため、中央研究所で開発途上にある技術の活用や、破壊的技術を有する外部との連携が必須となる。また、付加機能が増すことにより、バリューチェーンが拡張するため、既存市場のみならず新規市場にもシナジー効果が及ぶ。

　最後は、顧客基盤と既存技術の新結合により、機能進化がイノベーションとなる事業間シナジーである。これは、新用途で拡張したバリューチェーンを一層進化させ、付加価値を増強したシナジーであり、新技術が伴ってこそ効果を発揮する構造であるため、新技術Sカーブに則った取組みが求められる。

　伝統的な事業間シナジーの創出アプローチは、過去から現在の連続性をもって将来も継続的な発展が続くであろうというフォーキャスト（予測）に基づく、持続的イノベーションを重視したものであった。しかしながら、人類社会は、直近5年の間に新型コロナウイルス、気候変動、ロシアによるウクライナ侵略など、突然のリスクイベントに頻繁に直面している。また、こうしたリスクイベントに即時対応したmRNAワクチンの開発、二酸化炭素回収・貯留技術などの脱炭素ムーブメント、OSINT（Open Source Intelligence：公開情報に基づく調査）などの技術革新も脚光を浴びている。これは、過去から現在の連続性に基づく従来の予測型フォーキャストアプローチの限界が示唆されており、将来は非連続な事象のもとで成立するというバックキャスト（想定）に基づく破壊的イノベーションを重視したアプローチも必須となるであろう。こうしたコンテキストから、事業間シナジーは、新技術Sカーブという比較的蓋然性の高い将来の事象・イベントを想定した取組みが有効であると、改めて強調しておきたい。

(3) 事業間シナジー創出の具体的手法

　事業間シナジーの具現化においてキーアクティビティとなる事業資源の棚卸の目的は、新結合によるイノベーションにつながる優位性のある事業資源を特定することである。その特定には、VRIOフレームワークの活用を推奨したい。VRIO[14]とは、Value（経済価値）、Rareness（希少性）、Imitability（模倣困難性）、Organization（組織性）の頭文字をとったものであり、事業資源がこうした4つの要件を満たしているかを判断する際に活用する考え方である。

---

14 オハイオ州立大学経営学部教授であったJ.B.バーニーが、内部資源理論に基づき、具体的なフレームワークとして提唱した概念。Barney, J.B. (2002). Gaining and Sustaining Competitive Advantage. NJ: Pearson Education.（日本語翻訳版：バーニー、『企業戦略論』、ダイヤモンド社）

図表 7-2-7　VRIO フレームワーク

経済価値 (Value)	希少性 (Rareness)	模倣困難性 (Imitability)	組織性 (Organization)
● 保有資源は事業環境における脅威を無力化できるか? ● あるいは保有資源で機会を捉えることができるか?	● 保有資源をコントロールしているのは少数の企業か? ● 保有資源を手に入れることは困難か?	● 保有資源は真似されにくいか? ● 保有資源は他社が模倣するのに時間を要するか?	● 保有資源をすぐに使える組織であるか? ● そのために組織的な方針や手続きといった社内基盤が整っているか?

出典:Barney, J.B. (2002). Gaining and Sustaining Competitive Advantage. NJ: Pearson Education. を基に筆者が作成

　VRIO フレームワークでは、まさしく VRIO の順でステージゲートのように、事業資源の優位性を特定する。(図表 7-2-7)

　まず、Value では、事業資源が、顧客・市場に対して何らかの価値を提供しているか否かを評価する。事業間シナジーの観点では将来を想定するため、保有資源の事業環境における機会を捉えられるか、もしくは脅威を無力化できるかといった観点で評価するとよいだろう。

　Rareness では、事業資源が市場においてどの程度希少性があるかを評価する。具体的には、保有資源をコントロールしている企業が少数か、保有資源を入手するのが困難かといった観点で評価する。将来にわたって希少性が継続されるかがポイントとなるため、特に後者の保有資源を入手する際の労力や、どの程度の投資やコストを要するか、といった点を明らかにできるとよいだろう。

　Imitability は Rareness とも関連するが、競合他社が模倣可能か否かを評価する。Imitability を満たすということは、すなわち希少性の継続が期待される事業資源と位置付けられる。したがって、ここでは、保有資源は真似されにくいか否か、保有資源は他社が模倣するのに時間を要するか否か、といった観点で評価するとよいだろう。

　最後に Organization である。ここまでの 3 つのプロセスにおいて、保有資源の経済価値、希少性、模倣困難性を明確にしたうえで、事業資源のポテンシャルを最大限引き出すことができる組織であるか否かを評価する。具体的には、保有資源をすぐに使用できる組織か、そのために組織的な方針や手続きといった社内基盤が整備されているか、といった観点で評価する。事業間で活用・運用能力がないことが判明した場合には、せっかくの優位性ある事業資源が宝の持ち腐れとなってしまうため、組織性を評価するに際しては、どのような組織構造や意思決定

構造に変更すべきか、といった活用可能な状況に変革することも合わせて検討が求められる。

VRIO により優位性のある事業資源が特定されたら、次はこうした事業資源の新結合によるイノベーション、つまり具体的な事業間シナジーを策定する。なお、事業資源の棚卸は、事業部門ごとに有形資産である人的資源・設備・製品・店舗等と、無形資産であるブランド・技術・特許・ノウハウ・企業風土とをリストアップすればよい。

図表 7-2-8 は、各事業の強み（事業資源）の新結合による事業間シナジー効果の設定イメージである。大枠が生産、販売、人材、技術とあるように、事業資

図表 7-2-8　各事業の強み（事業資源）の新結合による事業間シナジー効果

各事業の強み（事業資源）を組み合わせた事業間シナジー効果											
生産			販売			人材			技術		
工場・設備	生産システム	品質管理体制	販売店舗	ブランド	販売チャネル	アントレプレナー	技術者	研究者	要素技術	特許・ノウハウ	イノベーション風土
VRI	VRI	V	VR	VR	VRI	VRI	VRI	VR	VR	VRIO	VR
工場・設備 VRIO		優位					優位	優位			優位	
生産システム V												
品質管理体制 VRI	優位	優位										
販売店舗 VR												
ブランド VRI	優位	優位						優位	優位			
販売チャネル V												
アントレプレナー VRIO	優位											優位
技術者 VRIO	優位	優位										優位
研究者 VR												
要素技術 VRI	優位	優位										優位
特許・ノウハウ VRI	優位	優位					優位	優位				
イノベーション風土 VRIO	優位	優位					優位	優位				優位

ジョブ型人事制度による
モジュール型プロジェクトの連続立ち上げ

製販一体の
標準化による
ECM革新

VC拡張による
ターンキーサービス展開

出典：筆者が作成

源で構成されている。棚卸した事業間の事業資源を縦横に配置し、VRIO を活用して事業資源ごとの強みを評価する。例えば、**図表 7-2-8** では、横軸の生産資源の工場・設備と生産システムが VRI と表記されている。これは、VRIO の VRI、つまり Value、Rareness、Imitability が認められたことを表している。横軸では、技術資源の特許・ノウハウが VRIO と表記されており、VRIO すべての要件が満たし、特に優位性のある事業資源として位置付けられていることを表している。

　縦軸に示す別の事業資源のうち、V が表記されているのみの生産システムと販売チャネルは、優位性のある資源としては認められていないことを表している。一方で、工場・設備、アントレプレナー、技術者、イノベーション風土は、優位性のある資源と評価されている。このような形式ですべての事業資源の棚卸と優位性評価を行うことにより、事業間シナジーの源泉となる事業資源を特定することができる。

　優位性が認められると特定された事業資源を新結合することにより、どのような事業間シナジーが考えられるかを次に検討する。この検討の際に有益なのが、新技術 S カーブのエッセンスである。Rareness と Imitability を評価した結果、希少性と模倣困難性がどの程度持続するかを新技術 S カーブの要件として考慮したプロセスがここで活きてくる。事業資源の新結合によってどのような新技術 S カーブを捉えられるかという視点で検討することにより、刷新性のある事業間シナジーを想起することができる。

　図表 7-2-8 で、「製販一体の標準化による ECM（Engineering Chain Management）革新」という事業間シナジーが設定されている。これは、横軸の生産システムと縦軸の工場・設備、アントレプレナー、技術者とイノベーション風土の新結合から導出されている事業間シナジーである。アントレプレナーと技術者は、設計者がコンピュータ上のソフトウェアに一定の情報を入力することで何もない状態から最適な製品設計を生み出す「ジェネレーティブデザイン」という新技術 S カーブの R&D に着手している。また、工場・生産システムは、「アディティブマニュファクチャリング（3D プリンター）」の PoC（Proof of Concept: 概念実証）を進めている。そして、これらと業界一早く取り組むイノベーション風土とが新結合することにより、極めて複雑な形状の製品を最小限のコストで製造するという「エンジニアリングチェーンとサプライチェーンを一体化したプロセス（製販一体の標準化による ECM 革新）」を実現することで狙うイノベーションである。

他の事業間シナジー、「ジョブ型人事制度によるモジュール型プロジェクトの連続立ち上げ」では、工場・設備および品質管理体制といった標準化されたオペレーションと、特許・ノウハウ、ブランド資源、アントレプレナー人材とを新結合することで狙うイノベーションである。また、「VC拡張によるターンキーサービス展開」は、特許・ノウハウと技術者や要素技術を組み合わせることで新用途を創出し、それに伴ってバリューチェーンを拡張することを意図したイノベーションである。いずれの事業間シナジーも、新技術Sカーブを考慮し、優位性のある事業資源を新結合したものとなっている。

　これらの事例から、事業間シナジーは従来の延長線上にある持続的イノベーションではなく、既存資源を組み合わせながらも非連続な破壊的イノベーションであることが認識できたであろう。破壊的イノベーションと聞くと、勢いのあるスタートアップの専売特許であり、大企業には困難との固定観念に囚われていないだろうか。確かに、技術Sカーブの箇所でも触れたように、日本の産業界にとってはクレイトン・クリステンセンの「イノベーションのジレンマ」のインパクトがあまりに大きな反響を呼んだため、大企業はディスラプターたるユニコーンに常に凌駕される印象が強い。実際に、デジタル領域においてはそうした事実が多いのも紛れもない事実である。しかしながら、シュンペーターは、むしろ資金力や規模の経済性といった事業資産が豊富な大企業の方がイノベーションに向いている、という仮説を展開している。その後のジョージメイソン大学のアクスとオードリッチの研究では、製薬産業、半導体産業、一般産業機械などの資本集積が利く産業では、むしろ大企業がイノベーションを起こしているという分析結果もある[15]。未だ多くの企業で十分な取組みがなされていない事業間シナジーは、日本のコングロマリット企業にとって多大な可能性を持つフロンティア領域であるともいえ、是非とも破壊的イノベーションの創出に積極的に取り組んでいただきたい。

(4) 事業間シナジー創出の加速化に向けた取組み

　これまで事業間シナジー創出手法について解説してきた。ここでは現場で事業間シナジー創出に取り組む際の障壁となる事象を紹介しつつ、その事象の解決の方向性を提示しながら、事業間シナジー創出の加速化につながる示唆もあわせて

---

15 Z. J. Acs., and D. B. Audretsch (1988) "Innovation in Large and Small Firms: An Empirical Analysis" The American Economic Review Vol. 78, No. 4, pp. 678-690

提示したい。具体的には、「事業資源の新結合を容易にする標準化」、「事業資源の組合せで最も難度が高いが最も効果の大きい要素技術の融合」の 2 点を紹介する。

　まず、「事業資源の新結合を容易にする標準化」である。これは、事業資源を組合せる際の境界面、すなわちインターフェースがバラバラであった場合、容易に組み合わせができるだろうか、といったことを想起してもらうとよい。例えば、人的リソースの組合せのインターフェースは、コミュニケーションの際の「言語」がそれに該当する。抽象的なインターフェースでは、日本語や英語といった国語が該当する。コミュニケーションにおいて、日本語あるいは英語しか話せないとなると、インターフェースが標準化されていないため、コミュニケーションを図ることができないという状況に陥る。また、具体的なインターフェースでは、業界用語と呼ばれるその業界特有の専門用語が該当する。この際も、事業部によって業界用語の定義が微妙に異なると、同じくインターフェースが標準化されていないことでコミュニケーションが非効率になる。

　事業間シナジーの創出で最も苦労するのが、このインターフェースの標準化である。そもそも異質のモノ同士は、インターフェースが標準化されていない限り全く組合わせることができない、これまで数多く直面してきた現実である。例えば、筆者が頻繁に直面したケースとしては、部門によって商品コードの体系が異なる、品質管理体制の制度が異なる、工場オペレーションのルールが異なるなど、それらは事業間シナジーに取り組まない限り、課題として認識すらされないものであった。そもそも事業間シナジーを追求しなければ、閉鎖された個別事業のシステムとして機能していたことから、インターフェースすら定める必要はなかった。事業部門内では十分機能していたシステムを、事業間シナジー創出のためにわざわざインターフェースを標準化する必要性が生じたわけである。

　事業間シナジーの創出はそれぐらい骨の折れる取組みであるため、事業部に委ねていては稀にしか実現しない。事業横断的な「シナジーを出す」働きかけのためにも、事業資源間のインターフェースを標準化する取組みからは避けて通ることができないのである。こうした状況に必ずしも呼応したわけではないが、2019 年 7 月、約 70 年ぶりに工業標準化法（JIS 法）が大幅改正され、日本産業規格（JIS）となった。改正により、鉱工業品の他、「サービス」、「データ」、「経営管理の方法」が新たに追加され、Industry4.0 関連の新技術分野や、モノとサービスの一体化対応のためのデータの取扱い、社会インフラシステム、関連国際規格といった国際標準化基盤が整備されることとなった。

図表7-2-9　標準化の構造

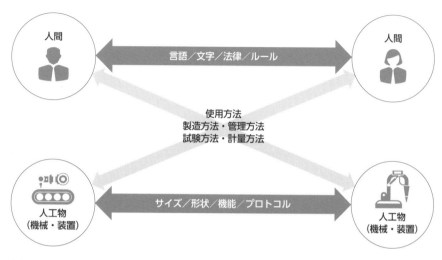

出典：筆者が作成

　では、標準化とは一体どういう状態であろうか。標準化とは、「対象物を単純化・共通化し、インターフェースを実現すること」と定義される（図表7-2-9）。そして、インターフェースは、人と人との関係においては言語、文字、法律、ルールが標準化の対象に該当する。こうしたインターフェースの標準化には4つの効用がある。1つ目は、製造方法が統一されることで製造が容易になり、安価に入手できるようになる。2つ目は、作り方、使い方が同じであるため、取り扱いや管理が誰にでもできるようになる。3つ目は、試験方法、計量方法が共通していることから、品質も共通になり、交換・代替が可能になる。そして4つ目は、比較方法が同じであるため、比べて選択することができる。こうした効用により、事業間シナジーの新結合において、「交換・代替できる」、「比べて選択できる」といった標準化が機能する。

　次に、「事業資源の組合せで最も難度が高いが最も効果の大きい要素技術の融合」について解説する。この事業間シナジーを理解するには、まず技術について理解しておく必要がある。技術とは、「自然現象に基づく工学知識を実用する手順」と定義される。すなわち、技術は客観的な形式知であり、再現性のある方法である。技術と類似した言葉に技能があるが、これは、「人間に帰属する主体

図表 7-2-10　技術の階層

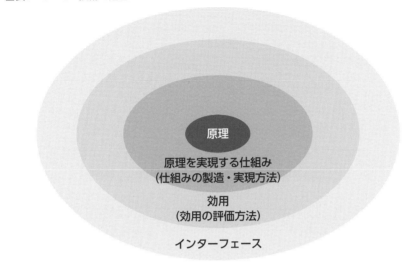

出典：筆者が作成

的・特殊な改変能力」と定義される。技能は主観的な暗黙知であり、個人や組織
といった属人的な能力である。要するに、技能は人によってばらつきがあり、必
ずしも再現性が担保されない。したがって、要素技術の融合による事業間シナジ
ーは、技術を対象として検討される。

　技術の構成要素は、「原理」、「原理を実現する仕組み」、「効用」、「インターフ
ェース」の４階層から成る（図表 7-2-10）。原理とは、蒸気という作動流体が
持つ運動エネルギーをタービンという機構が回転運動に変え、動力として利用す
るといったように、入力を処理・変換という過程を経て出力する、といった物
理・化学法則に基づく再現性過程を指す。原理を実現する仕組みとは、仕組みの
製造・実現方法のことであり、効用とは効用の評価方法を指す。事業間シナジー
の創出においては、「インターフェース」を通じて「効用」を新しい技術として
機能させることが求められる。

　こうした技術効用について、インターフェースを介して技術融合する方法を、
具体的事例を用いて紹介したい。**図表 7-2-11** は、技術融合によるシナジー創
出の事例である。X 事業部が保有するギヤ加工技術や汎用モータ等の重厚長大な
産業用途向け要素技術と、Y 事業部が保有するエンコーダ高精度技術、高精度

図表 7-2-11　技術融合によるシナジー創出事例

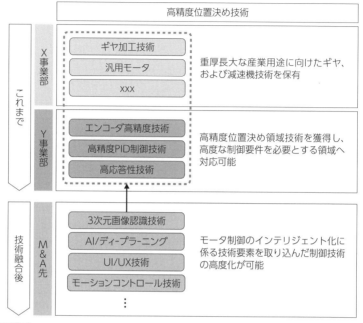

出典：筆者が作成

PID 制御技術、高応答性技術といった高精度位置決め要素技術の組合せに加えて、M&A により3次元画像認識技術、AI/ ディープラーニング、UI/UX 技術、モーションコントロール技術といったモータ制御のインテリジェント化に係る要素技術を掛け合わせた事業間シナジーである。

　X事業部とY事業部の要素技術の組合せは、製造装置に組み込まれたハードウェア技術としては十分な性能を発揮するが、現場で適宜工場作業員がオペレーションする必要があった。そこで、このハードウェア技術に M&A 先が保有するソフトウェア技術を実装することにより高度制御がオートメーション化され、かつ生産・製造・品質間データとしても蓄積され、エンジニアチェーンの革新が図られた。

　こうした要素技術の融合ケースを俯瞰的に捉えるために、各事業部にかかる要素技術の機能を写像することにより、事業間シナジーを具現化することができる。具体的には、各事業部と M&A 先の要素技術をマトリクス上にそれぞれプロ

図表7-2-12　機能写像による事業間シナジーの具現化

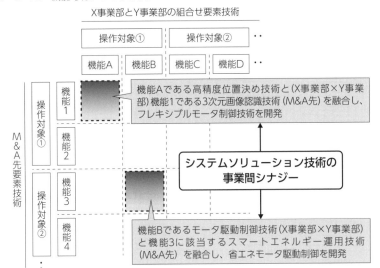

出典：筆者が作成

ットし、各々の操作対象と機能を把握することで技術融合の可能性のある要素技術を事業間シナジーとして設定することができる。

　この事例では、高精度位置決め技術の高度化に向けて、操作対象①において、機能AとなるX事業部とY事業部の組合せで実現した高精度位置決め技術と、機能1であるM&A先の保有する3次元画像認識技術を融合し、フレキシブルモータ制御技術の開発という事業間シナジーを創出した。また、モータ駆動制御技術の精緻化に向けて、操作対象①と②において、X事業部とY事業部の組合せで実現した機能Bであるモータ駆動制御技術とM&A先の保有する機能3に該当するスマートエネルギー運用技術を融合し、省エネモータ駆動制御の開発という事業間シナジーも創出したのである。

　事業間シナジーの創出はイノベーションであるため、産みの苦しみの連続となる。特に、現場では、お互いの事業資源に関する情報・知識共有から始まり、その過程でさまざまな調整事項が発生する。「この用語の定義はどういう意味か」、「この情報のアーカイブはあるのか」などなど、挙げればきりがない。検討過程においては、事業間シナジーはお互いの強みの組合せであるがゆえ、各事業部の優位性をより活かそうとのマインドが働き、なかなか話がまとまらない。ようや

く妥結できた際も、結節点となる標準化がなされておらず、実現を見送りにせざるを得ない、といったことも起こる。

　そんな状況下でも、仕組みとしての事業間シナジー創出過程の仕組みや標準化がなされていれば、確実に検討は進む。こうした仕組みの構築や標準化は、愚直な取組みの連続で積み上がっていく。個々の取組み自体は決して難しいものではないが、続けてこうした取組みを積み上げることは非常に難しい。こうした継続的かつ連続的な取組みが、突然非連続な成果として現れ、それがイノベーションとして社会に浸透していく。世の中でイノベーションと呼ばれる成果は突然現れるが、そこに至る過程では膨大なトライ＆エラーの積み上げがあることを認識し、多くの日本企業が、新たな価値を社会に提供するイノベーターとして、愚直な取組みの連続を重ねることに邁進されんことを期待する。

おわりに

　事業ポートフォリオの組換えというきわめて高度な経営判断に求められるのは、最後はやはり経営者の意思や胆力である。経営者が自らリスクを取って遂行する意思がない限り、事業ポートフォリオの組換えは実現しない。

　しかしながら、経営者の意思決定に足る十分な判断材料や情報がないのも事実だろう。重要なことは、高度な意思決定を後押しする透明性の高いプロセスを構築することにより、事業の現在地と将来像を適切に分析することである。ROICはそれらを測定する有効なツールであり、経営環境が刻一刻と変化する中で、事業ポートフォリオを動的に管理し、事業のポジショニングを絶えず見直し、投資と再構築・撤退の判断に経営者が信念を持って取り組めば、ROIC 経営は有用な手法になる。

　シュンペーターは、新結合（イノベーション）を起こす経営者を企業家と呼んでいる。R&D 担当は、要素技術の組合せでプロダクトイノベーションを図り、生産技術者は生産諸元と生産技術の組合せでプロセスイノベーションを図る。事業ポートフォリオの組換えは、経営者が取り組む「事業（＝知）の結合と分離を環境条件に応じて最適化するイノベーション」というのが本書の新たなメッセージである。この事業の結合と分離のシミュレーションができるのが ROIC である。

　DX は、デジタル技術を活用してリアルをバーチャル空間に再現し、何千回、何万回とシミュレーションすることで事業を変革する手法である。PX は、ROIC を活用し、何千回、何万回とシミュレーションをすることで企業を変革する手法といえるのではないだろうか。前著『ROIC 経営』は、事業ポートフォリオの組換えの一翼を担うことができた。本書が事業ポートフォリオ組換えによるイノベーションの契機となれば幸いである。

索　引

〈筆者紹介〉

土屋 大輔 （つちや・だいすけ）

有限責任 あずさ監査法人 サステナブルバリュー統轄事業部 マネージング・ディレクター

1999年に大手都市銀行に入行。2001年に大手 IR・SR コンサルティング会社入社。2013年に同社取締役 IR・SR コンサルティング本部長に就任。時価総額大手の上場企業を主要なクライアントとし、IR、株主総会に関するコンサルティング並びに助言業務を手掛ける。

2015年より KPMG／あずさ監査法人にて CFO×ESG 領域に関するアドバイザリーに従事。資本生産性指標（ROIC 等）の活用や事業ポートフォリオ評価、最適資本構成方針立案、ESG 戦略立案、ESG 格付対応、サステナブルファイナンス、バイアウトファンド向けの ESG バリューアップ、ESG DD 等につきアドバイスを行う。

著書に『ROIC 経営 稼ぐ力の創造と戦略的対話』（共著、日本経済新聞出版、2017年）、日本バイアウト研究所（編）『プライベート・エクイティと ESG』（寄稿、きんざい、2021年）、『実践人権デュー・ディリジェンス 持続可能なビジネスに向けて』（監修、中央経済社、2023年）。

KPMG サステナブルバリューサービス・ジャパン メンバー。公益社団法人 経済同友会 資本効率の最適化委員会ワーキンググループメンバー（2016〜2017年）

岡本 准 （おかもと・じゅん）

株式会社 KPMG FAS 執行役員パートナー
KPMG ジャパン 製造セクター統括パートナー

事業ポートフォリオ再構築、新規事業展開・R&D 投資最適化、スタートアップ投資戦略、イノベーションマネジメント、といった経営変革案件が専門。製造業では、重電、精密機器、半導体・半導体製造装置、エレクトロニクス領域を中心に Operational technology（OT）と Information technology（IT）の融合によるプロダクトサービスシステム（PSS）の実現に従事。主な著書は、『実践 CVC―戦略策定から設立・投資評価まで』（共著、中央経済社 2018年）、『続・事業再編とバイアウト』（共著、中央経済社 2019年）、『実装 CVC―技術経営から戦略・財務リターンまで』（共著、中央経済社 2021年）。

〈監修〉

坂田 惠夫 （さかた・やすお）

株式会社 KPMG FAS 執行役員パートナー

1997年にセンチュリー監査法人（現有限責任あずさ監査法人）に入所し、2004年9月まで総合商社の他、医薬品メーカー、EMS、IT、アパレル等、様々な業種の会計監査に従事。2004年10月より当社に参画。

以降は、ディールアドバイザリーの専門家として、総合商社やプライベートエクイティファンドが検討する様々な業種の M&A、グループ内再編に係る財務デューデリジェンスやストラクチャーに係るアドバイス業務、事業・組織再編・再生等のプロジェクトに関与した経験を有する。この他、総合商社の国際財務報告基準（IFRS）導入支援業務に関与した経験も有する。

〈編者紹介〉

株式会社 KPMG FAS
株式会社 KPMG FAS は、企業戦略の策定から、トランザクション（M&A、事業再編、企業・事業再生等）、ポストディールに至るまで、企業価値向上にむけた取り組みを総合的にサポートします。主なサービスとして、M&A アドバイザリー（FA 業務、バリュエーション、デューデリジェンス、ストラクチャリングアドバイス）、事業再生アドバイザリー、経営戦略コンサルティング、不正調査等を提供しています。

有限責任 あずさ監査法人
有限責任 あずさ監査法人は、全国主要都市に約 6,000 名の人員を擁し、監査や保証業務をはじめ、IFRS アドバイザリー、アカウンティングアドバイザリー、金融関連アドバイザリー、IT 関連アドバイザリー、企業成長支援アドバイザリーを提供しています。金融、情報・通信・メディア、パブリックセクター、消費財・小売、製造、自動車、エネルギー、ライフサイエンスなど、業界特有のニーズに対応した専門性の高いサービスを提供する体制を有するとともに、4 大国際会計事務所のひとつである KPMG のメンバーファームとして、144 の国と地域に拡がるネットワークを通じ、グローバルな視点からクライアントを支援しています。

KPMG
KPMG は、監査、税務、アドバイザリーサービスを提供するプロフェッショナルファームのグローバルネットワークです。世界 144 の国と地域のメンバーファームに約 236,000 名の人員を擁し、サービスを提供しています。

ROIC経営　実践編

2022 年 9 月 13 日　1 版 1 刷
2024 年 11 月 25 日　　　5 刷

編　者	KPMG FAS
	あずさ監査法人
発行者	中川ヒロミ
発　行	株式会社日経 BP
	日本経済新聞出版
発　売	株式会社日経 BP マーケティング
	〒 105-8308　東京都港区虎ノ門 4-3-12

本文 DTP	マーリンクレイン
印刷・製本	三松堂

ISBN978-4-296-11305-7

Printed in Japan